「かわいい♡」が止まらない
おにぎり＆サンドイッチ弁当

mana

孤独に作っていたお弁当。
みんなの前でふたを開けたら
どんどん世界が広がった

お弁当作りを始めたのは2019年春。
息子の中学校入学がきっかけでした。
中学から高校卒業までの6年間、毎朝お弁当を作る——。
プレッシャーに感じる方もいらっしゃるかもしれませんが、
何かに熱中するのが好きな私はワクワクしていました。

最初は栄養バランスや彩りを考えるのが精いっぱい。
息子はいつも完食してくれましたが「どうだった?」と聞くと、
返事は棒読みの「おいしかった」。

そっけないやりとりが半年ほど続くとさみしい気持ちに。
この先も毎朝同じことを繰り返していくのかな……と、
お弁当作りがしんどくなり、孤独を感じるようになっていきました。

そのタイミングで始めたのがSNSへのお弁当投稿です。
初めは男の子っぽいアメリカンなカッコイイ雰囲気を目指してみたものの、
仕上がりはなぜかかわいい系に……(苦笑)。

私はかわいいお弁当しか作れない!と割り切って、
アイデアを日々投稿するようになりました。

Before

After

2019年当初のmana
さんが作ったお弁当

現在、manaさんが
作るお弁当

今、投稿当初のお弁当を見返すと恥ずかしい出来栄えですが、
当時は誰かが見て、反応してもらえるのが心からうれしくて！

作り方の動画も発信するようになると、
「参考にしました」という声が届いてびっくり！
人に教えるなんて、大それた考えはなかったんです。

でも、私が使った100均グッズを探しまわる方、見よう見まねで作った
お弁当の写真を送ってくださる方が増えて、意識が変わりました。

大切にしているのは
〝みんなが作りやすくて、マネできるアイデア〟です。
そのためにいつもアンテナを張り、
時には和菓子やミニチュア雑貨、手芸品を参考にすることも。
料理でありながら、工作めいたひらめきを生かすスタイルになりました。

SNSでの発信を始めて4年以上が経ち、
ありがたいことに多くの方が見てくださっています。

お子さんへのお弁当作りをがんばっている方はもちろん、
最近はお孫さんのために作ってあげたい60代のフォロワーさんも増えました。
小さなお弁当箱を介してさまざまな人と出会い、
新しい世界が広がってきたように思います。

息子の感想は相変わらず棒読みで、
保護者会で「ウチの子がすごいお弁当って言ってたわ」と、
学校での様子を伝え聞く程度です。
でも、私が活き活きお弁当作りをしているからでしょうか。
何も言わず、完食して帰ってきてくれます。

この本にはSNSで伝えきれなかったコツや
活用していただきたいレシピをギュッと詰め込みました。
お弁当箱のふたを開けるような気持ちで、
ページをめくっていただけたら幸いです。

mana

目 次

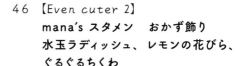

＜本書のきまり＞
● 大さじ1＝15㎖、小さじ1＝5㎖です。
● 電子レンジは500Wを基準にしています。600Wの場合は0.8倍、700Wの場合は0.6倍が目安です。
　機種によって異なるため様子を見ながら加熱時間を調整してください。
● 作りおきするメニューを保存する際は、清潔な密閉容器をお使いください。
● お弁当箱は700㎖、ごはんは200〜250gを目安に作っています。
● ＊印付きの材料は 下準備 をご参照ください。
● 本書は基本的におにぎりとサンドイッチ以外のおかずのレシピは紹介していません。

{ かわいくてラクチン }

mana's お弁当のポイント 5

ふたを開けた瞬間ときめく♪　ユニークな形やアクセントになる彩りの考え方、
忙しい朝でもサッと作るコツを紹介！

1 〝おにぎりとサンドイッチだけ！〟で かわいい！

おにぎりとサンドイッチは、食べやすさと見栄えを兼ね備えたツートップ。形の アレンジがきいて、トッピング次第で華やかになります。お弁当箱のスペースを 大きく占めるごはんとパンさえ気合を入れて作ればOK。

2 ひと口サイズを並べてキュン♡

たとえば同じ巻き寿司でも厚切り2切れをドーンと入れるより、小さな細巻き8 本を並べて詰めたほうが断然かわいくなります。サンドイッチならパンで土台を 小さく作り、複数の具材でカラフルに。整列させたときの達成感も大きい！

3 特別な道具は使わない！ 空き箱を捨てずに活用

おにぎり型などお弁当専用の道具は使いません。ラップの空き箱、豆腐パック、 牛乳パック、製氷ケース、ストローなど、家にあるものがかわいい形を作るアイ デアグッズになります。

4 彩りはフルーツ1種盛りでラクかわ♡

おにぎりやサンドイッチで十分彩りよくなりますが、詰めてみて物足りないときは フルーツを1種類だけイン！　キウイやすいかなど水っぽいものは避けて、いち ご、さくらんぼ、ぶどう、りんごを季節ごとにローテーションします。

5 おかずはがんばらない♪ 冷凍食品や大量作りおき

ハンバーグは150g（夕 飯用）、100gと70g（お 弁当用）で成形。1つず つラップして保存袋に入 れておくと使いやすい。

おかずはストック品を活用して時短！　ひき肉を1kg買っ てきたら、サイズ違いのハンバーグ3種とミートボールにし て加熱後は冷凍室へ。朝はレンチンしてソースをからませ るだけです。副菜は、にんじんのたらこ炒め、ピーマンと ちくわのきんぴら、なすのピリ辛あえなどを作りおき。市販 の冷凍食品も使います。特にヒレカツは小さめサイズだか ら、おにぎりやサンドイッチの具にも便利です。

かわいいお弁当に欠かせない♪
基本の卵焼き

manaさんのお弁当でいちばん質問が多く寄せられる卵焼き。卵と調味料の黄金比率や破かずに取り出すコツなど、失敗しない〝美形卵焼き〟レシピを紹介します。

卵液をこすひと手間で色ムラなし!

薄焼き卵

四角い薄焼き卵は卵焼き器で作るよ

＊フライパン（直径20cm）を使用

材料（1人分）
卵 … 1個
牛乳 … 小さじ1
塩 … 少々
サラダ油 … 小さじ1

❶ボウルに卵、牛乳、塩を入れてよく混ぜ合わせ、茶こしでこす。

❷フライパンにサラダ油をひいて弱火で温め、一旦濡れぶきんの上に置いてジャーッという音がなくなるまで冷ます。

❸再びフライパンを弱火（できれば極弱火）にかけ、すぐに❶を流し入れてふたをする。1〜2分ほど焼く。

❹卵焼きの表面をさわって卵液がつかなければOK（裏返して焼かない）。フライパンを濡れぶきんの上で冷まし、卵焼きをはがしやすくする。

❺完全に冷めてから卵焼きを取り出す。

＊四角形に焼くときは、卵焼き器＋アルミホイルを使用。アルミホイルは、卵焼き器よりひと回り大きく切り、ふちを内側に折ってふた代わりにします。

細かくするほどかわいさアップ♡

炒り卵

材料（1人分）
卵 … 1個
白だし（濃縮タイプ）
　… 小さじ⅓
砂糖 … 小さじ1弱
サラダ油 … 小さじ1

❶ボウルに卵、白だし、砂糖を入れてよく混ぜ合わせる。

❷卵焼き器にサラダ油をひいて弱火で温め、❶を流し入れる。

❸菜箸でかき混ぜながら焼く。

❹卵液に火が通ったらボウルに取り出し、さらに泡立て器で細かくなるようにつぶす。

巻きすでしっかり形を整えるよ♪

卵焼き

＊卵焼き器（12cm×18cm）を使用

おにぎりによって
サイズや形など
切り方を変えるよ

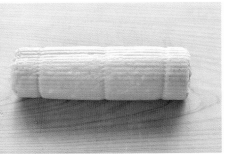

❶ボウルに卵、白だし、砂糖を入れてよく混ぜ合わせる。

❷卵焼き器にサラダ油をひいて弱火で温め、❶を⅓量流し入れる。奥から手前にくるくると巻く。

❸❷を奥に移動して❶を⅓量流し入れ（卵焼きの下にも流す）、手前に巻きながら焼く。もう一度繰り返す。

❹ラップに取り出して包み、巻きすで巻いて両端を輪ゴムで留める。冷蔵室に入れて冷ます。

材料（1人分）

卵 … 3個
白だし（濃縮タイプ）… 小さじ1
砂糖 … 大さじ1弱
サラダ油 … 大さじ1

アルミホイルをかぶせてしっとり焼き

錦糸卵

＊卵焼き器＋アルミホイルを使用。アルミホイルは、卵焼き器よりひと回り大きく切り、ふちを内側に折ってふた代わりにします。

❶ボウルに卵、白だし、砂糖を入れてよく混ぜ合わせる。

❷卵焼き器にサラダ油をひいて弱火で温め、❶を流し入れる。

❸アルミホイルをかぶせて1〜2分ほど焼く。卵焼きの表面をさわって卵液がつかなければOK（裏返して焼かない）。フライパンを濡れぶきんの上で冷ます。

❹卵焼きを取り出して長辺を4等分に切る。

❺千切りにする。

材料（1人分）

卵 … 1個
白だし（濃縮タイプ）… 小さじ⅓
砂糖 … 小さじ1弱
サラダ油 … 小さじ1

味付き
薄焼き卵

※上記、錦糸卵の作り方❶〜❸までと同様に作ります。

材料（1人分）

卵 … 1個
白だし（濃縮タイプ）
　… 小さじ⅓
砂糖 … 小さじ1弱
サラダ油 … 小さじ1

\\ 深さがポイント /

mana's愛用
お弁当箱

お弁当箱の容量は700mlが目安。息子が男子高校生にしては少食なので、ごはん200〜250gと適量の副菜を入れます。大人の女性でもちょうどいい量感です。持ち運んだときに詰めたおかずが片寄らないよう、ジャストサイズを選ぶのがコツ!

❶ 木製

正方形 たて16cm×横16cm×深さ3.5cm／
長方形 たて20.5cm×横12cm×深さ3.5cm

この2つは深さが最強! 浅そうに思える3.5cmが、私の作るおにぎりやサンドイッチにピッタリで重宝しています。詰める際は、ラップをしたまま一旦入れて収まりを確認!

❷ かご編み

長方形 たて16cm×横11cm×深さ6cm

深さ6cmとかなり深め。おにぎりなどが埋もれないよう、折りたたんだアルミホイルをラップで巻いて高さを調整し、クッキングシートで作った内箱を入れてから詰めています。

❸ 曲げわっぱ

楕円形 たて18cm×横11cm×深さ4.5cm

深めなので、大きめの太巻やおにぎり用に。正円よりも楕円形のほうが、ごはんとおかずの配置がしやすいです。両サイドのカーブは、丸型やスティック状のおかずがフィット。

❹ 木製

八角形 2段重 たて12cm×横12cm×深さ4cm（1辺4.5cm）

ごはんとおかずを別々に入れたいときは2段タイプが便利。八角形だと正方形感覚で使えます。ハートのおにぎりを4つ並べて四つ葉に見立てるときなど、シンデレラフィット♪

❺ ランチボックス

たて11.5cm×横17cm×深さ4.5cm

どのお弁当箱でもうまく詰められないときはコレ!クッキングシートを敷くとラフな感じになって、おにぎり、太巻き、サンドイッチ、どんなテイストでも受け止めてくれます。

あると便利! **おすすめ小道具**

ごはんのおともトング
おかずをスムーズに詰めていく作業に◎。自分の指先感覚で使えます。

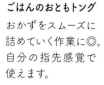

ピンセット
小さな具材のトッピングなど繊細な作業に必須。極小のごまはつまようじで♪

シャープナー
太巻きやサンドイッチを切る前に包丁をサッと研ぐのが超重要!

おしゃれに見せる **仕切り**

笹の葉
水煮タイプを常備。笹の香りが食材に移ってさわやかです。

茶色のクッキングシート
ラフでかわいく見える茶色のタイプが◎。水や油が染み込むのをカバー。

Part 1

「かわいい♡」が止まらない
おにぎり弁当

ボール型にサイコロ型、くるくるうず巻き、曲げて挟んで♪
変幻自在のおにぎりをトッピングでおめかし。
大人気のお豆腐パックおにぎらずは必見！

太巻きかと思いきや、実はのりがポケットになっているよ

のりぱっくんおにぎり

材料（1人分）

ごはん … 200g 塩少々を混ぜる
焼きのり（全形）… 2枚
　短辺を半分に切る

〈具材〉
卵焼き →P9 … 2切れ
　7mm幅を半分に切る

Ⓐ 焼き明太子 … 1本 半分に切る
　 冷凍枝豆 … 2粒 薄皮を取る

Ⓑ 焼き鮭 … ½切れ 半分にさく
　 大葉 … 1枚 たて半分に切る

❶

のりに左右⅓ほど切り込みを入れる。上側の右端2cmを残してごはん¼量を広げる。

❷

のりの下側は切り込みに沿って両端を折りたたむ。

❸
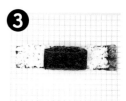
折りたたんだのりを上に折り返す。

❹

左を折りたたみ、右は折りたたんでごはんがついていない部分に少量の水をつけ、左側に重ねてくっつける。

❺

立てて中央を手で広げカップ状にする。残りの3個も同様に作る。

❻
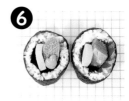
卵焼き・明太子・枝豆／卵焼き・焼き鮭・大葉をそれぞれのおにぎりに詰める。

リールで270万再生！　沖縄のポークたまごをミニサイズにしたよ♪

ミニポークたまごおにぎり

下準備

＊ポークソーセージ：フライパンで両面焼き、塩、こしょうを適量ふる。

材料（1人分）

ごはん … 200g 塩少々を混ぜる
焼きのり（全形）… 1枚

〈具材〉
味付き薄焼き卵 →P9 … 1枚
　　4cm×3cmに切って8枚使用
焼き鮭 … ½切れ 半分にさく
焼き明太子 … ½切れ
　　7mm幅で斜めに切る
＊ポークソーセージ（8mm幅）
　　… 2枚
ソースカツ（市販・冷凍）… 2個

❶ のりの全面にごはんを
広げる。

❷ ラップをかぶせて8等
分する。カットするご
とに包丁を濡らし、ラ
ップごと切るとごはん
がつきにくい。

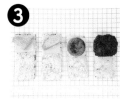

❸ ラップを外してすべて
に味付き薄焼き卵を置
き、焼き鮭／焼き明太
子／ポークソーセージ
／ソースカツをのせる。
各2個ずつ作る。

❹ 2つに折りたたむ。

断面がかわいい肉巻きアレンジだよ！

くるくる肉巻きおにぎり

難易度 ★☆☆

材料（1人分）

ごはん … 200g 塩少々を混ぜる
おにぎり用のり（市販）… 4枚
豚バラ肉スライス … 4枚
　半分の長さに切る
サラダ油 … 小さじ1
大葉 … 6枚
Ⓐ
- 豆板醤 … 小さじ⅓
- 砂糖 … 小さじ1
- しょうゆ … 小さじ1
- みりん … 小さじ1
- にんにく（チューブ）… 2cm

❶

フライパンを中火で熱しサラダ油を入れて豚肉を両面焼く。混ぜ合わせたⒶを回し入れ、照りが出るまで炒める。

❷
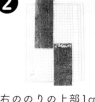
右ののりの上部1cm程度に少量のごはんをのせ、左ののりの下部を重ね合わせてくっつける。

❸
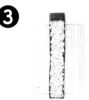
❷の上部3cmほどを空けて半量のごはんを広げる。

❹

大葉3枚と❶の半量をのせる。

❺
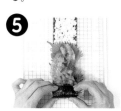
下からくるくる巻く。もう1本同様に作る。

❻

ラップに包み、のりがなじむまで10分ほど置く。包丁を濡らしながらラップごとそれぞれ2等分に切る。

難易度 ★★★

さんかくサンドおにぎり

下準備

当日 ＊ポークソーセージ：フライパンで両面焼き、塩、こしょうを適量ふる。

材料（1人分）

ごはん … 210g 塩少々を混ぜる
焼きのり（2cm×20cm）… 3枚

〈具材〉
焼き鮭 … ¼切れ
大葉 … 1枚 たて半分に切る
ソースカツ（市販・冷凍）… 1個
レタス（小さめの葉）… 1枚
卵焼き →P9（7mm幅）… 1切れ
＊ポークソーセージ（8mm幅）
　… 1枚

使用グッズ

ミシン糸

❶

ごはん⅓量でおにぎりを作り、厚み半分程度の高さにミシン糸をセットする。

❷
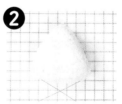
おにぎりの側面にミシン糸を沿わせて下部で交差させ、糸を引っ張っておにぎりを切る。

❸
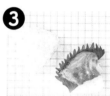
切った面を上にして片方に大葉・焼き鮭をのせ、もう片方をかぶせる。

❹

焼きのりをひねって交差させる。

❺

❸にのりを巻く。残り2個のおにぎりも同様に作り、具材をレタス・ソースカツ／卵焼き・ポークソーセージにかえる。

パーティーにも♪

15

スティックドッグおにぎり

難易度 ★☆☆

材料（1人分）

ごはん…200g 塩少々を混ぜる
焼きのり（全形）…1枚
　　4等分に切る

〈具材〉

大葉…2枚 たて半分に切る

Ⓐ [焼き明太子…1本
　　5mm幅に切って6個使用
　　冷凍枝豆…4粒]

Ⓑ [肉みそ →P17…大さじ2
　　ミニゆかり大根 →P45…4個]

❶
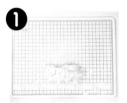
ごはん¼量はのりの長辺と同じ長さになるようにラップを使ってスティック状に成形する。

❷

のりの上に❶を置いて巻く。

❸

ラップに包み、のりがなじむまで5分ほど置く。

❹

ラップに包んだまま、両端の約1〜2cmを残して真ん中に切り込みを入れる。残りの3本も同様に作る。

❺

ラップを外し、お弁当箱に詰めてすべてに大葉を挟み、ⒶとⒷの具材をそれぞれ半量ずつ入れて各2本作る。

＼＼ パーティーにも♪ ／／

甘辛い味でごはんが進む♪
鉄板おかずをおにぎりの具材に!

肉みその作り方

おにぎりや太巻きで大活躍するそぼろ。
時間があるときに鶏そぼろを多めに作って
小分け冷凍し、お弁当作り当日にみそや
砂糖を加えて仕上げます!

作りおき

鶏そぼろを作る

＊P52「天の川いなり」は鶏そぼろのまま使用。
保存の目安：冷凍2〜3週間

材料（作りやすい分量）

鶏ひき肉…300g
A ［ 酒、みりん…各大さじ3
　　 しょうゆ…大さじ1
サラダ油…大さじ½

❶ フライパンにサラダ油をひいて中火で熱し、ひき肉を入れて色が変わるまで炒める。

❷ Ⓐを加え全体になじむまで炒める。

❸ ボウルに取り出し、泡立て器でつぶすように細かくする。

❹ フードプロセッサーにかけてさらに細かくしてもOK！

50gずつにラップに包み、冷凍用保存袋に入れる。

当日

肉みそにする

材料（作りやすい分量）

鶏そぼろ（冷凍）…50g
A ［ 合わせみそ、
　　 みりん、砂糖
　　 …各小さじ2

❶ 冷凍鶏そぼろのラップを外して耐熱ボウルに入れる。ふんわりラップをかけ、電子レンジで40秒加熱する。

❷ Ⓐを入れて混ぜ合わせ、ラップをかけずに電子レンジで1分加熱する。

❸ 取り出して混ぜる。

❹ ラップをかけずに電子レンジで30秒加熱する。取り出して混ぜ合わせ、さらに30秒加熱して混ぜ合わせる。

味卵を使っておにぎりに具材ポケットを作るよ！

カップ おにぎり

難易度 ★☆☆

下準備

前日 ＊味卵：ゆで卵を作り、めんつゆ（3倍濃縮）30ml＋水60mlにひと晩漬ける。

材料（1人分）

ごはん … 150g 塩少々を混ぜる
焼きのり（全形）… 1枚
＊味卵 … 1個

〈具材〉

炒り卵 →P8 … 小さじ2
つくね（市販）… 1個
焼き鳥もも肉（市販）… 1個
冷凍枝豆 … 1粒 薄皮を取る
ミニゆかり大根 →P45 … 2個

\\ 使用グッズ //

丸い器
（直径10cm、深さ5cm）

❶

丸い器にラップを敷いてごはんを入れる。真ん中に味卵を入れてごはんをかぶせ、ラップで包んで成形する。

❷
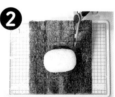

のりを縦長に置いて❶を中央にのせ、赤線部4か所に切り込みを入れる。

❸

両サイドののりをたたんでごはんを包み、上下も巻く。ラップで包み、10分ほど置いてなじませる。

❹

包丁を水で濡らし、❸をラップの上から半分に切る。

❺

真ん中の味卵をスプーンで抜き取る。抜き取った味卵はおかずとして詰める。

❻

お弁当箱におにぎりを詰めてから真ん中に具材をトッピングする。

焼きおにぎりオムレット

難易度 ★★★

下準備

*豚こま切れ肉：フライパンに油をひいて肉の色が変わるまで炒め、焼き肉のタレを加えて水分を飛ばしながら炒める。

材料（1人分）

ごはん…200g しょうゆ、
　みりん各小さじ1を混ぜる
ごま油…小さじ2
焼きのり（2cm×19cm）…4枚

〈具材〉

焼き鮭…½切れ 半分にさく

　*豚こま切れ肉…50g
　焼き肉のタレ…小さじ2
　サラダ油…小さじ1

大葉…2枚 たて半分に切る

❶
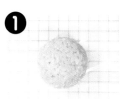
ごはん¼量をボール状に成形し、広げたラップの真ん中に置く。

❷

ラップをかぶせて上から手でごはんをつぶし、直径約8cmの円形に整える。

❸

フライパンにごま油をひき、❷の片面だけ弱火で約10分焼く。

❹

取り出してラップをかぶせ少し冷ます。ラップの上から菜箸で真ん中に折りスジをつける。同様に4個作る。

❺
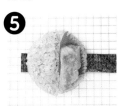
❹をのりの上に置いて具材をのせる。大葉½枚・焼き鮭半量／大葉½枚・焼き肉半量で各2個ずつ作る。

❻

ごはんを軽く折るようにしてのりを巻く。のりがくっつかない場合は、端に少量の水をつけて留める。

19

のりの巻き方がポイントだよ！

コッペサンドおにぎり

難易度 ★☆☆

下準備

＊ポークソーセージ：フライパンで両面焼き、塩、こしょうを適量ふって半分に切る。

材料（1人分）

ごはん … 210g 塩少々を混ぜる
焼きのり（13cm×17cm）… 3枚

〈具材〉
大葉 … 1枚 たて半分に切る

Ⓐ ┌ 焼き明太子（5mm幅）… 3切れ
　 └ 冷凍枝豆 … 1粒 薄皮を取る

Ⓑ ┌ ＊ポークソーセージ（8mm幅）
　 │ … 1枚
　 │ 卵焼き →P9（7mm幅）… 1切れ
　 └ 半分に切る

Ⓒ ┌ 肉みそ →P17 … 大さじ1
　 │ ミニゆかり大根 →P45
　 └ … 2個

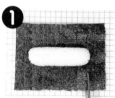

① ごはん⅓量を細長い俵形に成形し、ラップを敷いたのりの中央に置く。赤線部4か所に切り込みを入れる。

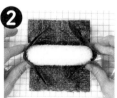

② 両サイドののりを折りたたむ。

③ 上下ののりも折りたたむ。ラップに包み、のりがなじむまで10分ほど置く。

④ 包丁を濡らしながらラップごと中央に切り込みを入れる。残りの2本も同様に作る。

⑤ 大葉・焼き明太子・枝豆／卵焼き・ポークソーセージ／大葉・肉みそ・ミニゆかり大根をそれぞれ挟む。

╲╲ パーティーにも♪ ╱╱

ドームアートおにぎり

難易度 ★★☆

下準備

＊ポークソーセージ：フライパンで両面焼き、塩、こしょうを適量ふり、4等分に切る。

材料（1人分）

ごはん … 200g 塩少々を混ぜる
焼きのり（1cm×20cm）… 4枚

〈具材〉
＊ポークソーセージ（8mm幅）
　　… 1枚
焼き明太子 … ½本 4等分に切る
炒り卵 →P8 … 大さじ2
冷凍枝豆 … 8粒
ミニゆかり大根 →P45 … 4個

╲╲ 使用グッズ ╱╱

湯飲み茶わん
（直径8cm、深さ6cm）

❶
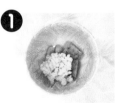
湯飲み茶わんにラップを敷いてポークソーセージ2枚・炒り卵大さじ½・冷凍枝豆2粒を入れる。

❷
ごはん¼量をかぶせ、上からギュッと押す。

❸

ラップごと取り出して裏返し、ラップを外す。

❹

側面にのりを巻く。同様にもう1個作る。

❺

具材を焼き明太子2切れ・炒り卵大さじ½・枝豆2粒・ミニゆかり大根2個にかえて同様に2個作る。

ペットボトルを使うと具材が詰めやすくなるよ♪

のっけガパオおにぎり

難易度 ★☆☆

下準備

*ガパオ：①フライパンを中火に熱してサラダ油をひき、にんにく、豆板醤を炒める。
香りが立ったら鶏ひき肉を加えて色が変わるまで炒める。
②ピーマン、パプリカ、玉ねぎを加えて火が通ったら、混ぜ合わせた🅐を入れて
汁けが半分になるまで炒める。バジルをちぎりながら入れてサッと炒める。

材料（1人分）

ごはん … 180g 塩少々を混ぜる
焼きのり（2cm×20cm）… 3枚
ゆで卵スライス … 3枚

*〈ガパオ〉

鶏ひき肉 … 100g
ピーマン … 1個 5mm角に切る
パプリカ（赤）… ⅛個
　　5mm角に切る
玉ねぎ … ⅛個 5mm角に切る
バジルの葉 … 2〜3枚
にんにく（チューブ）… 3cm
豆板醤 … 小さじ½
サラダ油 … 大さじ½
🅐 ┌ ナンプラー、オイスター
　　　ソース … 各小さじ1
　　酒 … 大さじ½
　　└ 砂糖 … 小さじ½

❶

底がくぼんでいるペットボトルの下から3.5cmほどを切り取る。

❷

ボトルをサッと水にくぐらせてからごはん⅓量を詰め込み、へらなどでギューッと押し込む。

❸

ひっくり返してごはんを取り出す。取り出しにくいときは、ボトルを斜めにして軽くたたく。

╲╲ **使用グッズ** ╱╱

ペットボトル
（底に円形の
くぼみがあるタイプ）

❹

くぼんだところにガパオを入れて、ゆで卵をのせる。

❺

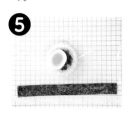

側面にのりを巻く。残りの2個も同様に作る。

にぎらない細巻き風♪　具材をチラ見せするとかわいいよ！

くるりおにぎらず

難易度 ★☆☆

下準備

*ポークソーセージ：フライパンで両面焼き、塩、こしょうを適量ふる。

材料（1人分）

ごはん … 200g
　塩少々を混ぜる
焼きのり（全形）… 1枚

〈具材〉

A ［ 焼き鮭 … ¼切れ
　　大葉 … ½枚 ］

B ［ *ポークソーセージ（8mm幅）
　　… 1枚
　　卵焼き →P9（8mm幅）… 1切れ ］

C ［ 小えびのフライ →P76 … 1尾
　　レタス（3cm四方）… 1枚 ］

D ［ ソースカツ（市販・冷凍）
　　… 1個
　　紫キャベツ … ¼枚
　　　千切りにする ］

❶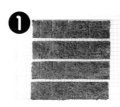

のりは短辺を4等分に切る。

❷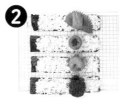

のりの左端2cmを空けてごはん¼量を広げ、真ん中よりも右寄りに**A**〜**D**の具材をのせる。

❸

右端から巻いていく。すべて巻けたらそれぞれラップに包み、のりがなじむまで10分ほど置く。

＼＼ パーティーにも♪ ／／

上から見てもかわいいよ！

大バズりした人気メニューだよ♡

ミニのっけオムライス

難易度 ★★★

＼ 使用グッズ ／

製氷皿（8個仕様）
（穴のサイズ4cm×
4cm、深さ3cm）

シリコーン
おかずカップ
（8号）

下準備

＊ボウルに🅐を入れてよく混ぜ合わせる。

材料（1人分）

ケチャップライス … 240g

＊🅐［ 卵 … 3個
　　 牛乳 … 大さじ1
　　 塩 … 少々 ］

とろけるスライスチーズ … 2枚
　1枚を4等分に切る
ケチャップ … 適量
乾燥パセリ … 少々

❶

おかずカップにラップを敷いて耐熱皿にのせ、卵液を⅛量ずつ入れる。電子レンジで1分ほど加熱する。

❷

フワーッとふくらんできたら取り出し、スライスチーズを1枚ずつのせる。

❸

ラップの口をギュッとしぼって製氷皿に入れ、5分ほど置く。

❹

ラップの口を広げ、ケチャップライスを30gずつのせる。ラップの口を閉じてギューッと手で押す。

❺

10分ほど置いてなじませ、製氷皿から取り出してラップを外す。

❻

弁当箱に詰め、ケチャップをかけて乾燥パセリを散らす。

レンチン！

ケチャップライスの作り方

材料（1人分）

ごはん … 150g
玉ねぎ … ¼個
ハム … 2枚
🅐［ ケチャップ … 大さじ2
　　 塩、こしょう … 各少々 ］

❶
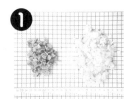
ハムは5mm角に切る。玉ねぎはみじん切りにして耐熱容器に入れ、ふんわりラップをして電子レンジで1分加熱する。

❷

ごはん、ハム、🅐を加えて混ぜる。ラップをかけずに電子レンジで1分30秒加熱し、混ぜ合わせる。

卵焼きを焼くようにチキンライスを巻いていくよ！

オムライスおにぎり

難易度 ★★☆

下準備

＊ボウルに **A** を入れてよく混ぜ合わせ、茶こしでこす。

材料（1人分）

ケチャップライス →P25 … 200g

＊A ｛ 卵 … 2個
牛乳 … 小さじ2
塩 … 少々

サラダ油 … 小さじ1

冷凍グリーンピース … 12粒

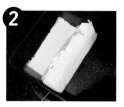

❶ ケチャップライスをラップで包み、卵焼き器の横幅にそろえた長さの三角柱にする。

❷ 卵焼き器にサラダ油をひいて弱火で温め、卵液を⅓量流し入れる。手前に❶をのせ、芯にして巻いていく。

❸ 卵焼きを作る要領で転がしていき、奥まで巻いたら手前に戻す。

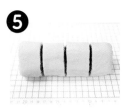

❹ 再び卵液を⅓量入れて転がし、巻き終わったら手前に戻す。同様にもう一度行う。

❺ 焼き終わったら取り出して4等分に切る。

❻ グリーンピースを1個につき3粒ずつ飾る。

ミニサンドおにぎり

難易度 ★☆☆

下準備

＊ポークソーセージ：フライパンで両面焼き、塩、こしょうを適量ふり、半分に切る。

材料（1人分）

ごはん … 200g 塩少々を混ぜる
焼きのり（全形）… 1枚

〈具材〉

Ⓐ
- 焼き明太子（7mm幅）… 2切れ
- 絹さや … 2枚
  塩ゆでして斜めに半分に切る

Ⓑ
- 肉みそ →P17 … 大さじ1
- 大葉 … 1枚 たて半分に切る
- ミニゆかり大根 →P45
  … 2個

Ⓒ
- ＊ポークソーセージ（8mm幅）
  … 1枚
- 卵焼き →P9（7mm幅）… 1切れ
  半分に切る
- 冷凍枝豆 … 2粒

❶

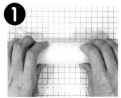

ごはんはのりの長辺と同じ長さになるようにラップを使って円柱状に成形する。

❷

のりの上に❶を置いて巻く。ラップに包み、のりがなじむまで10分ほど置く。

❸

包丁を濡らしながらラップごと6等分に切る。

❹

それぞれの真ん中に切り込みを入れる。

❺

焼き明太子・絹さや／大葉・肉みそ・ミニゆかり大根／卵焼き・ポークソーセージ・枝豆をそれぞれに挟む。

豆腐パックおにぎらず

難易度 ★☆☆

材料（1人分）

ごはん … 200g 塩少々を混ぜる
おにぎり用のり（市販）… 4枚

〈具材〉
肉みそ →P17 … 30g
味付き薄焼き卵 →P9 … 2枚
　　6cm×6cmカットを4枚
焼き明太子 … 1本
　　5mm幅に切る

╲╲ 使用グッズ ╱╱

豆腐パック
（6cm×6cm）

①

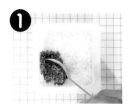

豆腐パックの内側をサッと水で濡らし、ごはん¼量を敷き詰める。肉みそをのせて平らにならす。

②

薄焼き卵を2枚のせ、ごはん¼量をかぶせて平らにならす。

③

ラップの上で豆腐パックをひっくり返して中身を出す。

④

のりを横に一周巻く。

⑤

もう1枚ののりをたてに巻いて全体を包み込む。具材を焼き明太子にかえて同様に作る。

⑥

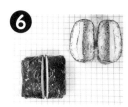

ラップに包み、のりがなじむまで10分ほど置く。濡らした包丁でそれぞれ半分に切る。

ハートおにぎり

難易度 ★☆☆

材料（2人分）

焼きのり（2cm×20cm）… 4枚

〈具材〉

Ⓐ ┌ ごはん … 140g
  └ さくらでんぶ … 小さじ2弱

Ⓑ ┌ ごはん … 55g
  │ 卵黄 … 1個分
  └ 塩 … 少々

Ⓒ ┌ ごはん … 55g
  │ 冷凍枝豆（さや付き）… 40g
  │   薄皮を取ってすりつぶす
  └ 塩 … 少々

❶

Ⓐ、Ⓒはそれぞれボウルで材料を混ぜる。Ⓑはボウルでごはんと卵黄を混ぜ、電子レンジで1分加熱して塩を混ぜる。

❷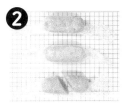

ラップでごはんを包み棒状に成形する（Ⓐは半量で2本作る）。包丁を濡らしながら、ラップごと真ん中を斜めに切る。

❸

ラップを外してハート形に組み合わせ、外周にのりを巻く。

≪パーティーにも♪≫

ハート形おにぎりを4つ作って四つ葉にするよ！

難易度 ★★★ しあわせの四つ葉おにぎり

材料（1人分）

ごはん…180g
塩…少々
焼きのり（全形）…1枚
冷凍枝豆（さや付き）…80g
　薄皮を取ってすりつぶす

＼＼ 使用グッズ ／／

牛乳パック
（点線で切り半分を使用）

---

❶

ごはんは塩と枝豆を混ぜてからラップの上にのせる。

❷

ラップを使って巻き、円柱状に成形する。

❸

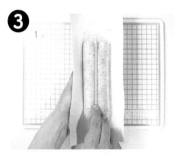

牛乳パックに❷を挟んで真ん中に竹串を置く。

---

❹

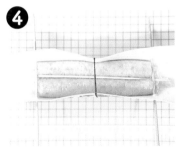

輪ゴムを二重にして中央にかける。ごはんの両端の位置に竹串を通して中央の竹串を押さえ、10分ほど置く。

❺

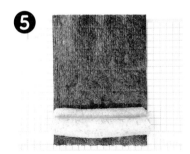

牛乳パックからごはんを取り出してラップを外し、のりの上に置く。のりはごはんの長さにそろえて切る。

❻

のりを巻きながら、くぼみのところは竹串で押さえて密着させる。

---

❼

余ったのりはハサミでカットする。

❽

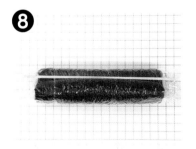

くぼみのところに竹串を入れてラップで包み、のりがなじむまで10分ほど置く。

❾

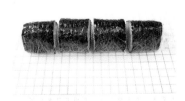

竹串を外してラップで包み直し、包丁を濡らしながら4等分に切り、ラップを外す。

熟れたいちじくに見立ててカラフルな具材を入れたよ！

いちじくおにぎり

難易度 ★★☆

材料（1人分）

ごはん … 210g 塩少々を混ぜる
焼きのり（15cm × 15cm）… 3枚

〈具材〉
錦糸卵 →P9 … 卵1個分
冷凍枝豆 … 3粒
しば漬け … 2切れ
焼き明太子（8mm幅）… 2切れ

❶

のりの中央に錦糸卵⅓量を
のせる。

❷

ごはん⅓量を丸く成形して
錦糸卵の上にのせる。

❸

のりでくるんでからラップ
に包み、10分ほど置く。
包丁で十字に切り、反対側
からしぼるように押して切
り目を開く。

❹

残り2個も同様に作り、そ
れぞれの切り目に枝豆、し
ば漬け、焼き明太子を入れる。

Point

＊のりを巻くときにゴワゴワしても
ラップで包めばなじみます。
＊十字に切るときは乾いた包丁が
◎。切るたびに包丁を洗い、拭い
てから使うときれいに切れます。

32

茶巾ふくさ寿司

難易度 ★★★

材料（1人分）

ちらし寿司ごはん … 210g
　（ごはんに市販のちらし寿司の
　素を混ぜたもの）
薄焼き卵 →P8（円形）… 3枚
ボイルえび … 6尾
かに風味かまぼこ … 6切れ
　1cm幅の輪切り
冷凍枝豆 … 6粒
ゆかり大根 →P45 … 3個

❶

ちらし寿司ごはん⅓量をラップで包み、四角く成形する。

❷

ラップを敷いて薄焼き卵を置き、真ん中に❶をのせる。

❸

薄焼き卵の左右を折りたたむ。

❹

薄焼き卵の上下も折りたたんでラップで包む。ひっくり返し、なじむまで10分ほど置く。同様にあと2個作る。

❺

弁当箱に詰め、真ん中に包丁で×印の切り込みを入れる。

❻

薄焼き卵をそっとめくって広げ、1個につきえび2尾・かにかま2切れ、ゆかり大根1個、枝豆2粒をのせる。

市販のちらし寿司の素を使って簡単に作れるよ！

えびたまご巻き

難易度 ★★☆

材料（1人分）

ちらし寿司ごはん…210g
（ごはんに市販のちらし寿司の
素を混ぜたもの）
薄焼き卵 →P8（円形）…3枚
ボイルえび…3尾
三つ葉…3本 塩ゆでする
ミニゆかり大根 →P45…3個

❶

ちらし寿司ごはん⅓量
をラップで包み、四角
く成形する。

❷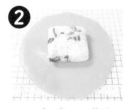

ラップを敷いて薄焼き
卵の中央に❶をのせる。

❸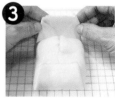

薄焼き卵を左右、上下
に折りたたむ。ラップ
で包み、10分ほどおく。

❹

三つ葉1本を置き、真
ん中に❸をのせる。

❺

ボイルえびを置いて三
つ葉を結ぶ。

❻

三つ葉の長さを調整し
て葉の部分を切り取り、
ミニゆかり大根をのせ
る。同様にあと2個作る。

手まりおにぎり

難易度 ★★☆

下準備

* 〈緑〉：ごはんに塩と枝豆を混ぜ合わせる。
* 〈紫〉：ごはんにしば漬けとゆかりふりかけを混ぜ合わせる。

材料（1人分）

* 〈緑〉
ごはん…80g
冷凍枝豆…50g さやと薄皮を
　取ってすりつぶす
塩…少々

* 〈紫〉
ごはん…90g
しば漬け…8g
　粗みじん切りにする
ゆかりふりかけ…小さじ½

使用グッズ

ミシン糸

❶

〈緑〉〈紫〉のごはんをそれぞれ半量にし、ラップに包んで丸いおにぎりを4つ作る。

❷

ミシン糸をくぐらせておにぎりを半分に切る。

❸

半球形になったおにぎりをさらに半分に切る。

❹

ラップの上に〈緑〉と〈紫〉を交互に置く。

❺

ラップで包み、4つを丸くまとめる。

❻

まりのように整え、残りも同様に作る。

のりを着たえびが寝ているみたいでかわいいよ!

えび天むす

材料（1人分）

ごはん … 210g
　塩少々を混ぜる
焼きのり（長辺で半分に
切ったもの）… 3枚
えび天（タレ付き）… 3本

❶ ラップにのりをのせ、上部2cm、右端2cmを空けてごはん⅓量を広げる。

❷ やや左寄りの場所に、えび天のしっぽを手前にして置き、タレを塗る。

❸ 左側からくるくる巻く。

❹ ラップに包んで形を整え、10分ほど置いてラップを外す。同様にあと2本作る。

材料（1人分）

えび（中サイズ）… 3尾
塩、こしょう … 各少々
天ぷら粉 … 25g
水 … 40mℓ
サラダ油（揚げ油）… 適量
Ⓐ ┌ めんつゆ（3倍濃縮）… 大さじ1
　　│ みりん … 大さじ1
　　│ 水 … 大さじ1
　　└ 片栗粉 … 小さじ⅔
小麦粉 … 適量

えび天の作り方

❶ えびは尾を残して殻をむき、背ワタを取って、水で洗ったらキッチンペーパーなどで水けを押さえる。

❷ 尾の先を斜めに切り落とし、えびの腹側に3～4か所斜めに切り込みを入れる。えびの背側を上にして、まな板に押しつけてスジを切る。

❸ 塩、こしょうをふって、小麦粉をまぶす。

❹ 天ぷら粉と水を混ぜ合わせて❸をくぐらせ170℃の揚げ油で揚げる。

❺ Ⓐの材料を小鍋に入れて混ぜ合わせ、弱火にかけてトロッとしたら火からおろす。

❻ えび天に❺のタレをつける。

ラップの空き箱を使うと手早くきれいに作れるよ！

キューブおにぎらず

材料（1人分）

ごはん … 200g 塩少々を混ぜる
焼きのり（全形）… 1枚

〈具材〉
肉みそ →P17 … 60g
味付き薄焼き卵 →P9 … 2枚
大葉 … 3枚 たて半分に切る

\\ 使用グッズ //

ラップの空き箱
（長さ22cmタイプ）

❶

ラップの空き箱にラップを敷いてごはん半量を敷き詰める。手でギュッと押す。

❷

上に大葉を敷き詰め、上に肉みそをのせる。

❸

薄焼き卵は短辺で箱に合わせて切り、2枚ずつ重ねて厚みを出す。左右に並べ、上に残りのごはんをかぶせる。

❹

ラップをかぶせて手で押さえ、さらに箱のふたをかぶせて四方から手でギュッと押す。

❺

❹のラップを外してのりの上にのせ（のりの幅が足りなければ別ののりを継ぎ足す）、ごはんを芯にして巻き上げる。

❻

全体をラップで包み、6等分に切る。カットするごとに包丁を濡らし、ラップごと切るとごはんがつきにくい。

37

コマコマキンパ

難易度 ★★☆

材料（1人分）

ごはん … 140g

焼きのり（全形）… 1枚
　　長辺を半分に切る

にんじん … ¼本（約30g）
　　長さ8cmの細切りにする

ほうれん草 … ¼束（約50g）
　　根元を切り落とす

たくあん … 約30g
　　長さ8cmの細切りにする

ごま油 … 少々

白いりごま … 少々

A　ごま油 … 小さじ½
　　白いりごま … 小さじ1
　　塩 … 少々

B　ごま油 … 小さじ1
　　塩 … 少々

C　ごま油 … 小さじ½
　　塩 … 少々

❶ ボウルに温かいごはん、**A**を入れて混ぜ合わせ、冷めるまで置く。

❷ フライパンに**B**のごま油をひいてにんじんを炒め、**B**の塩をふる。

❸ ほうれん草はラップに包み、電子レンジで1分加熱する。冷めたら水けをしぼり、約3cmの長さに切って**C**をまぶす。

❹ のりは上部を2cm空けて❶を半量のせ、ラップをかぶせてから4等分に切る。同様にもう1つ作る。

❺ のりごはん1切れにつき、にんじん、たくあん、ほうれん草を⅛量ずつのせる。

❻ のりの下側から巻く。残り7本も同様に作る。

❼ のりの表面にごま油を刷毛で塗る。

❽ ランチボックスに詰め、白ごまを少量ずつのせる。

のりを細く巻くと崩れにくく色もまとまるよ！

まん丸挟みおにぎり

難易度 ★☆☆

材料（1人分）

ごはん…200g 塩少々を混ぜる
焼きのり（18cm×1.5cm）…4枚

〈具材〉

大葉…1枚 たて半分に切る

Ⓐ
- 錦糸卵 →P9…4g
- ポークソーセージ
  （7mm幅）…½枚

Ⓑ 焼き鮭…¼切れ

Ⓒ
- 焼き明太子
  （7mm幅の斜め切り）…1切れ
- 冷凍枝豆…1粒

Ⓓ
- 肉みそ →P17…7g
- ミニゆかり大根 →P45…2個

❶ ラップにごはん¼量をのせて丸く成形する。

❷ 包丁を濡らしながら、❶の真ん中に半分の深さまで切り込みを入れる。

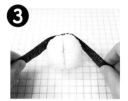

❸ のりを❷の真ん中の高さのところに巻く。同様にあと3個作る。

❹ ❸を弁当箱に詰める。

❺ ❸とⒹに大葉を挟み、それぞれにⒶⒷⒸⒹの具材を入れる。

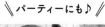
\ パーティーにも♪ /

おうちで食べるなら、お刺身を入れたアレンジにも挑戦してみて♪

難易度 ★★☆

ちらし寿司ドッグ

材料（1人分）

ちらし寿司ごはん … 250g
（ごはんに市販のちらし寿司の
素を混ぜたもの）
焼きのり（13cm×17cm）… 3枚

〈具材〉

しいたけ煮（市販）… 20g
ボイルえび … 6尾
かに風味かまぼこ … 2本
　　7mm幅に切る
卵焼き →P9（7mm×7mm）… 12個
冷凍枝豆 … 6粒
　　薄皮を取って2つに割る
ミニゆかり大根 →P45 … 4個
ゆかり大根 →P45 … 1個

❶

ボウルに温かいごはん
とちらし寿司の素を入
れ、混ぜ合わせる。

❷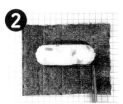

ごはん1/3量を細長い俵
形に成形し、ラップを
敷いたのりの中央に置
く。赤線部4か所に切
り込みを入れる。

❸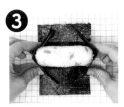

両サイド、上下ののり
を順に折りたたむ。ラ
ップに包んで10分ほど、
のりをなじませる。

❹

包丁を濡らしながらラ
ップごと中央に切り込
みを入れる。残りの2
本も同様に作る。

❺

弁当箱に詰めてから切
り込み部分にしいたけ
煮を入れ、えびを2尾
ずつ入れる。

❻

ほかの具材をバランス
よくのせる。

41

映える！　忙しい日は市販のいなり揚げを使ってもOKだよ！

ひと口おいなりさん

難易度 ★★☆

下準備

前日　＊オクラ：ゆでてめんつゆ（3倍濃縮）30ml＋水60mlにひと晩漬ける。

材料（1人分）

酢めし…200g
　（ごはんに市販のすし酢など
　を混ぜたもの）
いなり揚げ（市販）…4枚
　両端を切って開く

〈具材〉

＊オクラ…½本
冷凍枝豆…4粒 薄皮を取る
しば漬け…2切れ
　粗みじん切りにする
卵焼き→P9（5mmの角切り）
　…12個
大葉…½枚 千切りにする
ミニゆかり大根 →P45…4個

❶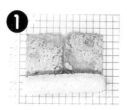

ラップの上に開いたいなり揚げを置き、酢めし¼量を棒状に成形してのせる。

❷

酢めしを芯にしていなり揚げを巻き、ラップでしっかり包む。

❸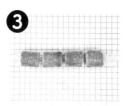

包丁を濡らしながらラップごと4等分に切る。同様に残り3本も作る。

❹

オクラ／枝豆・しば漬け／卵焼き／大葉・ミニゆかり大根をおいなりさん4個ずつにそれぞれトッピングする。

＼＼ パーティーにも♪ ／／

いなり揚げは2枚入れることでおいしくなるよ！

おいなりぱっくん

材料（1人分）

酢めし … 200g
　（ごはんに市販のすし酢など
　を混ぜたもの）
焼きのり（全形）… 1枚
　短辺を半分に切る
いなり揚げ（市販）… 4枚
　袋部分をはがす
※手作りする場合は→P44参照

〈具材〉

Ⓐ
　ボイルえび … 4尾
　冷凍枝豆（さや付き）… 約20g
　薄皮を取ってみじん切りにする

Ⓑ
　かに風味かまぼこ … 2本
　7mm幅に切る
　錦糸卵 →P9 … 大さじ2

❶

ラップを敷いてのりを置き、左端を2cm空けて酢めし半量を広げる。右側にいなり揚げ2枚を重ねる。

❷

右側からパタンと折る。

❸

左側を折ってのりしろ部分が重なるようにする。のりしろ部分に少量の水をつけて留める。

❹

ラップで包み、のりがなじむまで5分ほど置いてから半分に切る。

❺

ピンセットや小さめのトングで、いなり揚げ1枚の袋の口を開く。

❻

2個にⒶを半量ずつ詰める。残りの2個は、具材をⒷにかえて作る。

いなり揚げの
作り方

袋状になる油揚げ。私も忙しい日は
市販のいなり揚げを使いますが、や
っぱり手作りするとおいしい！　油
抜きして作るので味染みバツグン☆

材料（作りやすい分量）

油揚げ … 5枚

Ⓐ
- しょうゆ、砂糖 … 各大さじ2
- みりん … 大さじ1
- 顆粒だし … 小さじ1
- 水 … 200㎖

＊使う前に1枚ずつ両手に挟んで軽
く汁けを絞る。

❶
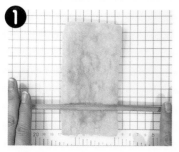

油揚げをまな板の上に置き、菜箸
を前後に転がす（内側がはがれて
開きやすくなる）。

❷
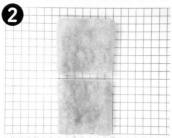

半分の長さに切り、そっと開いて
内側がくっついていないか確認す
る。

❸

鍋に湯（分量外）を沸かし、❷を2
分ゆでる。ざるにあげて冷ます。

❹

手でさわれる程度まで冷めたら、
1枚ずつ両手で挟んで水けを軽く
しぼる。

❺

鍋にⒶを入れて中火で煮立て、❹
を入れる。

❻

再沸騰したら弱火にし、クッキン
グシート（真ん中を丸く切り取る）
をかぶせて10分煮る。冷まして
味を含ませる。

mana's スタメン 野菜の花飾り

型抜きしやすく輪切りにした野菜を簡単アレンジ♪　にんじん、ブロッコリーの芯、大根を使って、
お弁当に彩りを添えます。ぶきっちょさんでも失敗しないコツを伝授!

にんじん＆ブロッコリー

型抜き＆包丁の二刀流で立体的に!

❶ にんじんは厚さ1cmの輪切りにし、抜き型で抜く。

❷ 青線部分に包丁で深さ2～3mmの切り込みを入れる。

❸ 赤線から青線に向かって包丁を入れ、斜線部分を切り取る。

使用グッズ

抜き型・梅
（直径2.3cm）

❹ 包丁は斜めに入れて5か所すべてを切り取る。

＊横から見たときにんじんの厚みに角度がついていればOK。

飾り切り後の仕上げ!

にんじん：鍋ににんじん、水100mℓ、白だし小さじ1、砂糖小さじ1を入れて火にかけ、沸騰したら弱火にし10分ほど煮る。

ブロッコリー：芯の部分をにんじんと同様に飾り切りする。沸騰したお湯に塩少々を入れ、2分半ほどゆでる。

ゆかり大根＆ミニゆかり大根

あると便利な大輪の梅と小花♪

❶ 保存容器に砂糖大さじ1と½、酢・白だし（濃縮タイプ）・水各大さじ1を入れて混ぜ合わせる。

❷ お茶パックにゆかりふりかけ小さじ1を入れ、❶に浸す。

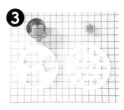

❸ 大根は厚さ1cmの輪切りを梅型、厚さ3mmの輪切りを花型で抜き、梅型はにんじんと同様に飾り切りする。

使用グッズ

抜き型・梅
（直径2.3cm）

抜き型・花
（直径1cm）

お茶パック・コンパクトタイプ

❹ ❷の中に❸を入れ、ひと晩以上冷蔵室で漬け込む。

時短

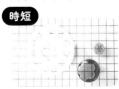

＊大根を厚さ3mmの輪切りにし、中央を梅型、周りを小さい花型で抜くだけでもOK!

mana's スタメン おかず飾り

manaさんの超定番！　水玉模様をまとったラディッシュはSNSでも大人気。
ほんのひと手間でレースみたいなレモン、うず巻きになったちくわのできあがり♪

＼おとぎ話に出てきそうなかわいらしさ／ 水玉ラディッシュ

＼使用グッズ／

ストロー
（穴の直径6mm）

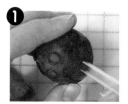

❶ ラディッシュはひげ根と葉を落とし、ストローでランダムに表面を刺す。

❷ ストローでつけた丸い線に沿って包丁を入れ、表面を切り取る。

> 🔍 **飾り切り専用の道具もおすすめ！**
>
> **ちゅーぼーず 飾り切りナイフセット（貝印株式会社）**
>
> 3本セットで販売。黄色い丸抜きの刃でも丸く切れるよ♪

＼スライスレモンがおめかし／ レモンの花びら

❶ レモンは厚さ3mmの輪切りを4等分して扇形にする。

❷ 皮の部分に斜めに3mmほど包丁を入れる。

❸ 5mmほど間隔を空け、三角になるように包丁を入れて切り取る。

❹ ❷と❸を5〜7mm間隔で切り取る。

＼ちくわの弾力を生かしてクルリ！／ ぐるぐるちくわ

材料（1人分）

ちくわ…1本
チェダースライスチーズ…½枚
焼きのり（4cm×8cm）…1枚

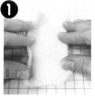

❶ ちくわはたてに切り込みを入れて開く。

❷ 開いた面にチーズ、のりをのせ、手前からくるくる巻く。

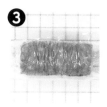

❸ ちくわが密着するようにラップでギュッと包む。電子レンジで20秒加熱する。

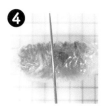

❹ 冷蔵室でしっかり冷やしてから半分に切る。

Part 2

季節のイベントを
かわいく盛り上げる
おにぎり弁当

お弁当で感じる春夏秋冬！
節分のトラ柄を作る裏ワザ、SNSで話題を集めたすいか形、
ハロウィンやクリスマスもおにぎりが主役に☆

卵の黄色としょうゆの茶色でトラ柄になるよ！　節分シーズンにおすすめ♪

とらのしっぽ巻き

難易度 ★★☆

2月

下準備

＊ちらし寿司ごはん：100gをラップで包み、卵焼き器の長辺の長さに合わせて棒状にしたものを2本作る。

材料（1人分）

＊ちらし寿司ごはん…200g
　（ごはんに市販のちらし寿司
　の素を混ぜたもの）
卵…2個
しょうゆ…小さじ1
サラダ油…小さじ2

❶

卵1個をよく溶きほぐす。小皿にしょうゆの半量を入れ、卵液小さじ1を加えて混ぜる。同様にもう1セット用意する。

❷

卵焼き器にサラダ油の半量を弱火で熱し、一旦火を止め、茶色い卵液をスプーンで模様状に流し弱火で1分焼く。

❸

黄色い卵液を流しふたをする。1分ほど焼いて表面が乾いたら火からおろし、冷めたらはがす。もう1枚作る。

❹
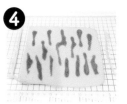

卵焼きの両端を切って形を整える。

❺
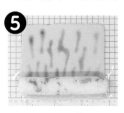

ラップの上に❹を置き、棒状のちらし寿司をのせてラップごと巻く。同様にもう1本作る。

❻
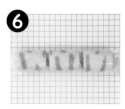

それぞれ3等分に切る。

🔍 ┄┄┄ Point

❸の工程で卵焼き器のふたがない場合は、アルミホイルをかぶせてもOK！

ひしもちカラーおにぎり

難易度 ★☆☆

3月

材料（1人分）

〈緑のごはん〉
ごはん … 55g
冷凍枝豆（さや付き）… 40g
　薄皮を取ってすりつぶす
塩 … 少々
〈ピンクのごはん〉
さくらでんぶ … 小さじ1弱
ごはん … 70g
〈白いごはん〉
ごはん … 70g 塩少々を混ぜる
焼きのり（牛乳パックの幅）… 2枚

\\ 使用グッズ //

牛乳パック
（底面から5cmの高さで切ったもの）

❶

〈緑のごはん〉〈ピンクのごはん〉は、それぞれボウルで材料を混ぜ合わせる。

❷

牛乳パックにラップを敷いて〈緑のごはん〉を敷き詰め、上に〈白いごはん〉を重ねて敷き詰める。

❸

さらに〈ピンクのごはん〉も敷き詰めて、ラップごと牛乳パックから外す。

❹

のりの上に❸をのせて上下を包み、もう1枚ののりで左右からも包む。

❺

ラップに包んで10分ほど置き、全体にのりをなじませる。

❻

包丁を濡らしながら、ラップごと対角線で十字に切る。

49

丸いパーツはストローと穴開けパンチがあれば簡単！　こどもの日のお弁当に♪

こいのぼりオムにぎり

難易度 ★★☆

5月

材料（1人分）

ケチャップライス→P25…210g
薄焼き卵 →P8（四角）…3枚
スライスチーズ…少量
焼きのり（穴開けパンチで抜いた円形）…少量
ケチャップ…適量

＼ 使用グッズ ／

タピオカ用
ストロー
（穴の直径12mm）

穴開けパンチ
（穴の直径5mm。
お弁当用に100均
で購入したもの）

❶

スライスチーズはストローで円形に6個抜き、3個は三日月形に切り分ける。のりは穴開けパンチで3個抜く。

❷

ラップを敷きケチャップライス⅓量をのせる。卵焼き器の幅より2cmほど短い長さの円柱状に成形する。

❸

薄焼き卵の両サイドを切り取り、❷をやや左側に寄せて置く。

❹

手前から奥に薄焼き卵を巻き上げる。

❺
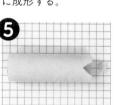
右端のケチャップライスが見えない部分を三角に切り落とす。

❻

❶を目玉とエラの位置にのせ、ケチャップでウロコを描く。

50

難易度 ★★★

かたつむり＆あじさい

6月

材料（1人分）

〈かたつむり〉

酢めし…80g
（ごはんに市販のすし酢などを混ぜたもの）

いなり揚げ（市販）…2枚
両端を切って広げる

味付き薄焼き卵 →P9…1枚
短辺を半分に切り三つ折りにする

おにぎり用のり（市販）
…3枚 1枚は半分に切る

かに風味かまぼこの白い部分
…ストローで丸くくりぬいたもの8個

黒ごま…8粒

〈あじさい〉

ごはん…100g
塩少々を混ぜる

しば漬け（粗みじん切り）…16g

大葉…2枚

❶ ラップを敷いていなり揚げを置く。上部1cmを空けて酢めし半量を広げ、のり半切れをのせてラップごと巻き10分ほど置く。

❷ ラップの上にのり、薄焼き卵、❶をのせて巻き、ラップに包んで10分ほど置く。同様にもう1本作る。

❸ 包丁を濡らしながら、それぞれラップごと半分に切る。

❹ かまぼこと黒ごまをかたつむりの目になるようにのせる。同様にあと3個作る。

❶ ラップの上にしば漬け8gを丸くのせる。ごはん半量は丸く成形する。

❷ しば漬けの上にごはんをのせ、ラップで丸く包む。ラップを外して大葉を添える。同様にもう1個作る。

\\ 使用グッズ //

ストロー
（穴の直径6mm）

51

輪切りのオクラを星に見立てると七夕の雰囲気になるよ

天の川いなり

難易度 ★★☆

7月

下準備

* **にんじん**：小鍋ににんじんと**Ⓐ**を入れて中火にかけ、沸騰したら弱火で10分ほど煮て冷ます。

材料（1人分）

酢めし…160g
　（ごはんに市販のすし酢など
　を混ぜたもの）
いなり揚げ（市販）…4枚
冷凍枝豆（さや付き）…35g
　薄皮を取ってみじん切りにする
炒り卵 →P8…12g
鶏そぼろ →P17…12g
味付き薄焼き卵 →P9（星形）
　…8個
＊にんじん（厚さ3mmの星形）
　…12個
Ⓐ[砂糖、白だし…各小さじ½
　 水…50mℓ
塩ゆでしたオクラ（厚さ3～5mmの
輪切り）…8個

❶ 酢めし¼量を丸くにぎっていなり揚げに詰め、いなり揚げの口を内側に折り返す。同様にあと3個作る。

❷ 弁当箱に詰め、ごはんの上に枝豆、炒り卵、そぼろをのせる。

❸ さらに薄焼き卵、にんじん、オクラを飾る。

\\ **使用グッズ** //

抜き型・星
（直径約1.2cm）

難易度 ★★☆

すいかおにぎり

8月

材料（2人分）

- ごはん … 200g
- 冷凍枝豆（さや付き）… 60g
  薄皮を取ってすりつぶす
- 塩 … 少々
- さくらでんぶ … 小さじ2
- 焼きのり（全形）… 1枚
- 黒ごま … 適量

Point

爪楊枝のとがっていない
ほうに水をつけると黒ご
まが扱いやすくなります。

❶

ボウルにごはんの半量、
枝豆、塩を入れて混ぜ
る。別のボウルに残り
のごはん、さくらでん
ぶを入れて混ぜる。

❷

ラップを敷いて枝豆ご
はんを広げる。丸く成
形したさくらでんぶご
はんを中央に置いて、
枝豆ごはんで包む。

❸

のりの上に❷を置いて
丸く成形する。

❹

ラップで包み、のりが
なじむまで10分ほど置
く。

❺

包丁を濡らしながらラッ
プごと4等分に切る。

❻

黒ごまをすいかの種の
ように飾る。

自家製の栗ごはんと市販のお赤飯で紅白にしたよ！

栗コロおにぎり

難易度 ★★☆

9月

下準備

＊栗：鬼皮と渋皮をむいてボウルに入れ、たっぷりの水に30分ほど浸す。

＊米：洗って30分ほど浸水させ、ざるにあげる。炊飯器の内釜に米、水けをきった栗、Ⓐを入れ、2合の
メモリまで水を加えて炊飯する。

材料（2人分）

＊米…2合
＊栗（殻付き）…350g
Ⓐ ┌ 塩…小さじ1
　 └ 酒…大さじ1
水…適量
赤飯パックごはん（市販）…160g
焼きのり（1cm×18cm）…8枚

\\ 使用グッズ //

製氷皿（8個仕様）
（写真は4cm×4cm、深さ3cm）

❶

炊き上がった栗ごはん
は2合のうち160gを
使用。飾り用の栗を8
個取り出し混ぜる。

❷

製氷皿の穴にラップを
敷き、栗を1個入れる。

❸

ごはん約40gを詰め、
ラップをかぶせて指で
ギューッと押し込む。

❹

同様に残りの栗ごはん
3個、赤飯4個も作る。

❺

製氷皿をひっくり返して
取り出す。

❻

ラップを外し、それぞ
れの外周にのりを巻く。

ハロウィンにぴったりな包帯風おいなりさんだよ！

ミイラおいなりさん

材料（1人分）

酢めし…160g（ごはんに市販の
　　すし酢などを混ぜたもの）
いなり揚げ（市販）…4枚
焼きのり（5cm×5cm）…4枚
かに風味かまぼこ…2本
味付き薄焼き卵 →P9…½枚
目玉用焼きのり…少量
　　穴開けパンチで8個抜く
かに風味かまぼこ…少量
　　白い部分をストローで8個抜く

＼＼ 使用グッズ ／／

タピオカ用
ストロー
（穴の直径12mm）

穴開けパンチ
（穴の直径5mm。
お弁当用に100均
で購入したもの）

❶

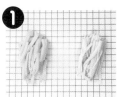

薄焼き卵は3mm幅の細
切り、かまぼこの白い
部分は細さ3mm程度に
さく。

❷

酢めし¼量をラップを
使って丸く成形し、上
から焼きのりをかぶせ
る。合計4個作る。

❸

いなり揚げに❷を入れ
る。

❹

いなり揚げの口を内側
に折り返し、目玉用の
かまぼことのりをのせ
る。

❺

❶のかまぼこをミイラの
包帯のようにのせる。

❻

❶の薄焼き卵も包帯の
ようにのせる。それぞ
れもう1個ずつ作る。

55

2種類の味のおにぎり&おかずの卵焼きもギフトに♪

クリスマスプレゼントおにぎり

難易度 ★★☆

12月

下準備

* 〈たぬきおにぎり〉〈鮭&枝豆ごはんおにぎり〉：それぞれボウルに材料を入れて混ぜ合わせる。

材料（1人分）

* 〈たぬきおにぎり〉
ごはん … 90g
小ねぎ（小口切り）… 小さじ2
めんつゆ（2倍または3倍濃縮）… 小さじ1
天かす … 大さじ1

* 〈鮭&枝豆ごはんおにぎり〉
ごはん … 80g
鮭ほぐし身 … ½切れ（約15g）
冷凍枝豆（さや付き）… 15g
　さやから出して薄皮を取る

〈飾り〉
かに風味かまぼこ … 少量
冷凍枝豆 … 4粒
卵焼き →P9 … 1切れ
焼きのり（15cm×1cm）… 8枚

Memo

*おかずの卵焼きもプレゼント風に見せる場合、巻きすを使わずに卵焼きを正方形になるように焼き、材料の〈飾り〉を1セット増やしてトッピングします。

❶

飾りのかまぼこは赤い部分をストローで8個抜く。枝豆は半分に割る。卵焼きは表面を薄く切って型で4個抜く。

❷

具を混ぜたごはんをラップで約50gずつゆるく包み、ラップの空き箱の端におにぎりの6面を押し当てて立方体にする。

❸

のりを交差させて置き、❷を真ん中にのせる。

❹

側面にも焼きのりを沿わせてリボンのように見せる。

❺

それぞれ2個ずつ作り、❶の飾りをのせる。

\\ 使用グッズ //

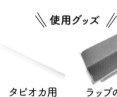

タピオカ用
ストロー
（穴の直径12mm）

ラップの空き箱
（写真は長さ
20cmサイズ）

抜き型・星
（直径約1.2cm）

56

Part 3

「かわいい♡」が止まらない
サンドイッチ

食パンは魔法のシート。マフィン型に敷いてカップ型、
折ってサイドを押しつければポケット型に変身♪
丸パンやカレーパンのワザありサンドも。

インスタのフォロワーさんが考えてくれたネーミングだよ♪

サンドッツォ

難易度 ★★☆

下準備

*スライスベーコン：3cm幅に切って炒め、塩、こしょうを適量ふる。

材料（1人分）

丸いフランスパン … 4個

マヨネーズ … 適量

〈具材〉

Ⓐ[タマゴフィリング →P75 … 60g

Ⓑ[小えびのフライ →P76 … 3尾
　　 タルタルソース（市販）… 適量
　　 レタス（5cm四方）… 2枚

Ⓒ ポテトサラダ →P76 … 70g

Ⓓ[スクランブルエッグ →P76 … 20g
　　 *スライスベーコン … ½枚
　　 レタス（5cm四方）… 2枚

❶ パンは横半分に切り、ふちの1cm内側に包丁でぐるりと切り込みを入れる。

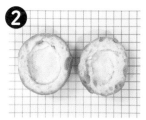

❷ ラップをかぶせて手で内側のパンを押し込む。残り3個も同様に作る。

❸ 両方のくぼんだ部分にマヨネーズを塗り、下側のパンにⒶ～Ⓓの具材をそれぞれ詰める。

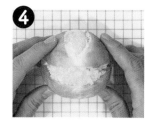

❹ 上側のパンを❸にかぶせる。

あの人気商品みたいな食べやすいアイデアサンドだよ♪

ポケットサンド

難易度 ★★☆

下準備

* ウインナーソーセージ：半分に切ってフライパンで炒めて、塩、こしょうを適量ふる。

材料（1人分）

サンドイッチ用食パン … 6枚
マヨネーズ … 適量

〈具材〉

タマゴフィリング →P75
　　 … 大さじ2
ツナマヨ →P75 … 大さじ2
キーマカレー →P76 … 大さじ2

Ⓐ ［ ボイルえび … 2尾
　　 きゅうり（輪切り）… 4枚 ］

Ⓑ ［ ミニトマト … ½個 半分に切る
　　 ブロッコリーの芯の花 →P45
　　 … 2個 ］

Ⓒ ［ *ウインナーソーセージ … 1本
　　 紫キャベツ … ½枚
　　 　千切りにする ］

❶

食パンの両端1cmを空けてマヨネーズを塗る。上半分にタマゴフィリング、ツナマヨ、キーマカレーの半量をのせる。

❷

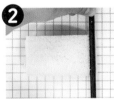

閉じる部分に少量の水をつけてから半分に折って、菜箸で両端をギュッと押す。

❸

すべて両端を閉じる。同じものをさらに3つ作る。

❹

弁当箱に詰め、タマゴフィリングにⒶ、ツナマヨにⒷ、キーマカレーにⒸをトッピングする。

Point

食パンは使う前にレンチンするとしっとりして密着感がアップ。3枚ずつラップで包み、電子レンジで20秒ほど加熱すればOK。

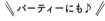
∖∖ パーティーにも♪ ∕∕

韓国風のり巻き〝コマキンパ〟をパンで作ったよ！

コマキンパサンド

難易度 ★★★

材料（1人分）

サンドイッチ用食パン … 2枚
全粒粉食パン … 2枚 6枚切りを
　　半分の厚さにスライスする
マヨネーズ … 適量

〈具材〉
タマゴフィリング →P75 … 40g
ツナマヨ →P75 … 20g
ポテトサラダ →P76 … 20g
魚肉ソーセージ
　　（5mm角・長さ7cm）… 16本
きゅうり
　　（5mm角・長さ7cm）… 16本
スティックチーズ
　　（5mm角・長さ7cm）… 16本

\\ 使用グッズ //

丸い抜き型
（写真は直径1.4cm）

❶

パンは全面にマヨネーズを塗り、短辺を半分に切る。

❷

抜き型でパンの真ん中を抜き取る。

❸
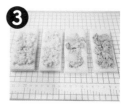
2枚にタマゴフィリング、1枚にツナマヨ、1枚にポテサラをそれぞれ10gずつのせる。

❹

真ん中に魚肉ソーセージ、きゅうり、スティックチーズを2本ずつのせる。

❺

下から巻き上げ、パンと具材がなじむまでラップに包んでおく。同様に全粒粉パンでも作る。

ラップサンド

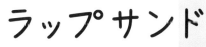

難易度 ★☆☆

下準備

* **クッキングシート**：縦11cm×横15cmの大きさで5枚作る。

材料（1人分）

サンドイッチ用食パン … 5枚
マヨネーズ … 適量
乾燥パセリ … 少々
タルタルソース（市販）… 適量

〈具材〉

Ⓐ
- タマゴフィリング →P75
  … 90g
- ハム（½枚）… 3切れ

Ⓑ
- 小えびのフライ →P76 … 4尾
- レタス（5cm四方）… 4枚

＼ 使用グッズ ／

* **無漂白クッキングシート**
（写真は25cmサイズ）

❶

パンは全面にマヨネーズを塗り、Ⓐは⅓量ずつ、Ⓑは半量ずつ具材を上部中央に置く。

❷

クッキングシートの角にパンの頂点を合わせて置き、パンの左右を折りたたみ、下側2〜3cmを折って軽くつぶす。

❸

クッキングシートの右側をパンに沿わせてから左側をクルッと巻く。下の部分を1〜2回ねじる。

❹

クッキングシートの余分な部分を切る。

❺

❶〜❹の要領でⒶを3個、Ⓑを2個作り、Ⓐにパセリを散らし、Ⓑにタルタルソースをかける。

パンからたっぷり具材があふれるように作ってみてね!

こぼれロールサンド

難易度 ★★☆

材料（1人分）

サンドイッチ用食パン … 5枚
マヨネーズ … 適量

〈具材〉
Ⓐキーマカレー →P76 … 40g
Ⓑタマゴフィリング →P75 … 80g
Ⓒツナマヨ →P75 … 40g
Ⓓポテトサラダ →P76 … 40g
乾燥パセリ … 少々

Point

前日の夜に❷の状態で
冷蔵保存し、翌朝❸か
ら始めてもOK。

❶

パンは全面にマヨネー
ズを塗り、Ⓐを約30g
のせる。

❷
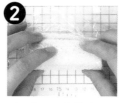
下からパンを巻く。ラ
ップに包み、パンと具
材がなじむまで10分
置く。

❸
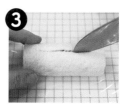
パンの中央に両端1cm
ほど残して切り込みを
入れる。

❹

トングなどで切り込み
を少し開いてから残り
のⒶをのせる。

❺

具材をⒷ〜Ⓓにかえて
同様に作り（Ⓑのみ2
本）、最後にパセリを散
らす。

星形ミニロールサンド

下準備

＊味付き薄焼き卵：1枚ずつ棒状に巻いてから食パンの半分の幅に合わせて切り、4切れ作る。

材料（1人分）

サンドイッチ用食パン … 3枚
全粒粉食パン … 3枚 6枚切りを
　　　半分の厚さにスライスする
マヨネーズ … 適量

〈具材〉

＊味付き薄焼き卵→P9 … 2枚
ツナマヨ →P75 … 40g
きゅうり（長さ6cmの薄切り）
　　　… 8枚
ハム … 2枚 半分に切る
タマゴフィリング →P75 … 40g

\\\ 使用グッズ //

星形の抜き型
（直径1.2cm）

❶ 食パンは半分に切ってマヨネーズを塗り、抜き型で抜く。

❷ それぞれ1穴ずつ残して、色違いの星を入れる。

❸ それぞれのパンに薄焼き卵1切れ／ハム1枚・タマゴフィリング10g／きゅうり2枚・ツナマヨ10gをのせる。

❹ 端から巻く。巻いてからラップに包んで数分置いてなじませる。

Point

食パンは使う前にレンチンするとヒビ割れがなくなります。3枚ずつラップで包み、電子レンジで20秒ほど加熱すればOK。

\\\ パーティーにも♪ //

おむすびみたいな山型に具をぎっしり詰めちゃうよ♪

三角ロールサンド

難易度 ★☆☆

材料（1人分）

サンドイッチ用食パン … 3枚
マヨネーズ … 適量

〈具材〉
タマゴフィリング →P75 … 60g
ポテトサラダ →P76 … 60g

Point
前日にラップで包む
ところまで作り、冷
蔵保存し翌朝カット
してもOK。

❶
食パン2枚は、短辺の
半分の位置に菜箸で折
りスジをつける。

❷
食パン1枚は真ん中で
半分に切る。

❸
❶と❷の表面にマヨネ
ーズを塗る。

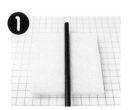
❹
❶の1枚の中央にタマ
ゴフィリングをのせ、
両側を寄せて三角形の
2面になるようにする。

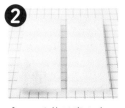
❺
❷の1枚を三角形の底
面になるようにかぶせる。
ラップに包み、10分ほ
ど置いてなじませる。

❻
半分に切る。具材をポ
テトサラダにかえて、も
う1本作る。

スクエアロールサンド

難易度 ★★★

下準備

当日 ＊スライスベーコン：1cm幅に切ってフライパンで炒め、塩、こしょうを適量ふる。

材料（1人分）

サンドイッチ用食パン … 4枚
マヨネーズ … 適量

〈具材〉
＊スライスベーコン … 1枚
スクランブルエッグ→P76 … 50g
サラダ菜 … 3枚
ケチャップ … 適量
Ⓐ ┌ ハム … 3枚 半分に切ってから
　　1cm幅に切る
　└ タマゴフィリング→P75 … 50g
　　サラダ菜 … 3枚

＼ 使用グッズ ／

ラップの空き箱
（写真は長さ22cmサイズ）

❶
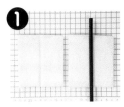
食パン2枚にマヨネーズを塗り、短辺の真ん中に菜箸を強く押しつけて折りスジをつける。

❷

ラップの空き箱にラップを敷き、❶の1枚を手前の側面と底面、もう1枚を奥の側面とふた面に沿わせる。

❸

底にベーコンを敷き、サラダ菜3枚をちぎりながらのせる。

❹

スクランブルエッグをのせてケチャップをかけ、上側のパンで閉じる。

❺
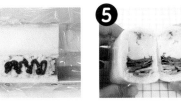
ラップごと取り出して10分ほど置いてなじませ、半分に切る。もう1本は具材をⒶにかえて同様に作る。

Point

前日にラップで包むところまで作り、冷蔵保存し翌朝カットしてもOK。

食パンボックスサンド

難易度 ★★☆

材料（1人分）

4枚切り食パン … 2枚
マヨネーズ … 適量

〈具材〉
タマゴフィリング →P75 … 24g
ツナマヨ →P75 … 30g
ポテトサラダ →P76 … 30g
キーマカレー →P76 … 30g
ミニトマト … 2個 4等分に切る

1 食パン1枚は耳を切り落として4等分にする。

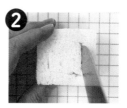

2 パンのふちから7mmほど内側に包丁の先が底につかない深さの切り込みを入れる。

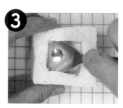

3 真ん中をスプーンで押し込み、マヨネーズを塗る。

4 それぞれのパンに具材を半量ずつ入れる。

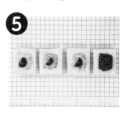

5 上にミニトマトをのせる。もう1枚の食パンも同様に作る。

クロス部分は具材を押し込んでトッピングを目立たせて♪

難易度 ★☆☆

十字サンド

材料（1人分）

丸いフランスパン … 4個

マヨネーズ … 適量

〈具材〉

A
- ベース　タマゴフィリング →P75 … 30g
- 飾り　うずらのゆで卵 … ½個
- 乾燥パセリ … 少々

B
- ベース　ポテトサラダ →P76 … 30g
- 飾り　ハム … 1枚

C
- ベース　ツナマヨ →P75 … 30g
- 飾り　ゆでブロッコリー(小) … 1房
- ミニトマト(2mm幅の輪切り) … 1枚

D
- ベース　キーマカレー →P76 … 30g
- 飾り　ミニウインナー … 1本
- ミニトマト(2mm幅の半月形) … 2枚
- ベビーリーフ(約1cmの半月形) … 2枚

❶

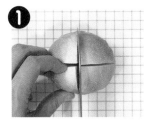

パンは深さ⅔ほど十字に切り込みを入れる。

ミニドッグの作り方

❷

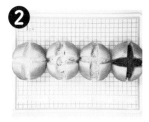

切り込みにマヨネーズを塗り、それぞれ**A**〜**D**のベース具材を表面より5mmほどくぼませて詰める。

❸

Dのウインナーに切り込みを入れて熱湯で2分ゆでる。切り込みにミニトマトとベビーリーフを挟む。

❹

A、**C**に飾り具材をのせる。**B**はハムを半分に折って端から巻いて差し込む。**D**は**❸**をのせる。

難易度 ★★☆

好きな具材を入れて、器ごとパクッといけちゃうよ！

パンカップ

下準備

* **スライスベーコン**：3cm幅に切って炒め、塩、こしょうを適量ふる。

* **ウインナーソーセージ**：半分に切って炒め、塩、こしょうを適量ふる。

材料（1人分）

サンドイッチ用食パン … 6枚
マヨネーズ … 適量

〈具材〉

Ⓐ
- レタス（5cm四方）… 2枚
- ***スライスベーコン** … 1枚
- ミニトマト … 1個 半分に切る

Ⓑ
- ポテトサラダ（市販）… 30g
- ゆで卵（スライス）… 1枚

Ⓒ
- キーマカレー →P76 … 20g
- ミニオムレツ →下記 … 1個
- ケチャップ … 適量

Ⓓ
- スクランブルエッグ →P76 … 20g
- ***ウインナーソーセージ** … 1本
- ケチャップ … 適量

Ⓔ
- 小えびのフライ →P76 … 2尾
- 紫キャベツ … ¼枚 千切りにする
- タルタルソース（市販）… 適量

Ⓕ
- ミートボール（市販）… 4個
- ゆでブロッコリー … 1房
- ミニトマト … 1個 半分に切る

❶

マフィン型の穴に食パンをのせて、グラスで食パンを押し込む。

❷

オーブントースターで5分程度、軽くトーストする。

❸

食パンの内側にマヨネーズを塗る。

❹

それぞれのパンにⒶ～Ⓕの具材を入れる。

\\ **使用グッズ** //

マフィン型（6個）
（内径7cm、底5cm、深さ3cm）

ミニグラス
（底の直径4.5cm）

\\ **パーティーにも♪** //

ミニオムレツ の作り方

材料（2個分）

卵 … 1個
牛乳 … 小さじ1
塩 … 少々

❶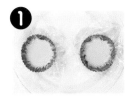

材料をすべて混ぜ合わせ、シリコーンカップ（8号）2個にラップを敷いて半量ずつ入れる。

❷

電子レンジで20秒加熱し、取り出してかき混ぜる。

❸

再び電子レンジで40秒加熱し（ふわっとふくらむまで）、取り出してラップをキュッとしぼりしばらく置く。

熱々はもちろん、冷めてもおいしい食べられる器だよ♪

食パンでおかずカップ

難易度 ★★★

材料（1人分）

サンドイッチ用食パン … 6枚
マヨネーズ … 適量
乾燥パセリ … 少々
ゆで卵（スライス）… 2枚

〈具材〉

A
- ミニトマト … 2個
    5mm幅の輪切りにする
- ピーマン（3mm幅の輪切り）… 2枚
- ウインナーソーセージ … 1本
    5mm幅の輪切りにする
- ピザ用ソース … 適量
- ピザ用チーズ … 適量

B
- ハム … 2枚 半分に切る
- 卵（Sサイズ）… 2個
- マヨネーズ … 小さじ1

C
- キーマカレー →P76 … 40g
- マヨネーズ … 小さじ1
- ピザ用チーズ … 20g

使用グッズ

マフィン型（6個）
（内径7cm、底5cm、
深さ3cm）

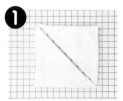

❶ 食パンはめん棒で薄くのばし、対角線で切る。

❷ 食パン1枚をマフィン型の穴に沿わせるように敷く。

❸ もう1枚も同様に敷き、重なる部分を密着させる。パンがくっつきにくいときは少量の水をつける。

❹ 2個のカップに**A**のピザ用ソースを塗って具材を半量ずつ、**B**と**C**の各2個のカップにはマヨネーズを塗って具材を半量ずつ詰める。

❺ トースターで5分ほど焼く。**B**にパセリを散らし、**C**にゆで卵をのせる。

具材を大きな口でぱくっと食べているように見えるよ♡

ぱっくんサンド

難易度 ★☆☆

材料（1人分）

コッペパン型パン（長さ約13cm）… 2½個

マヨネーズ … 適量

〈具材〉

A
- ツナマヨ →P75 … 20g
- レタス（3cm四方）… 2枚
- ミニトマト … ¼個 半分に切る

B
- タマゴフィリング →P75 … 20g
- 乾燥パセリ … 少々

C
- キーマカレー →P76 … 20g
- うずらのゆで卵（スライス）… 2枚

D
- ボイルえび … 2尾
- レタス（3cm四方）… 2枚

E
- ハム … 2枚
- きゅうり（輪切り）… 4枚

①

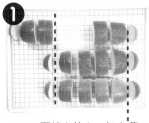

パンは両端を約1cm切り落としてから4等分にする（赤線の内側10個を使用）。それぞれ真ん中に底から1cmを残して切り込みを入れる。

②

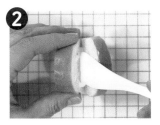

切り込みにマヨネーズを塗る。

③

それぞれのパンに**A**〜**E**の具材を半量ずつ詰める。同様にもう1つずつ作る。

＼＼ パーティーにも♪ ／／

市販のカレーパンを使って、カレーが入っているところの空洞を利用するよ！

カレーパンサンドイッチ

難易度 ★☆☆

下準備

当日 ＊ハンバーグ：電子レンジで温めてハンバーグソースを全体に塗る。スライスチーズは2cm幅に切り、
十字にのせて余分なチーズはカット。

＊ウインナーソーセージ：斜めに切り目を入れ、フライパンで炒めて塩、こしょうを適量ふる。

材料（1人分）

カレーパン（市販）… 1個

〈具材〉

レタス（5cm四方）… 4枚

Ⓐ
- ＊ハンバーグ（市販・冷凍）… 1個
- スライスチェダーチーズ（1.5cm幅）… 2枚
- ハンバーグソース（市販）… 適量
- ミニトマト … ½個

Ⓑ
- ＊ウインナーソーセージ … 1本
- ゆで卵（スライス）… 1枚

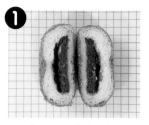

カレーパンは半分に切る。

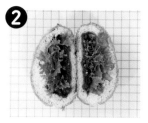

内側のすき間にレタスを2
枚ずつ挟み込む。

それぞれにⒶとⒷの具材を
差し込む。

挟みスティックサンド

難易度 ★☆☆

下準備

＊ウインナーソーセージ：フライパンで炒めて塩、こしょうを適量ふる。

材料（1人分）

サンドイッチ用食パン … 5枚
マヨネーズ … 適量

〈具材〉

Ⓐ
- ベース タマゴフィリング →P75 … 30g
- 飾り ボイルえび … 3尾
  きゅうり（輪切り）… 2枚

Ⓑ
- ベース キーマカレー →P76 … 30g
- 飾り ミニウインナーのホットドッグ →P67 … 2個

Ⓒ
- ベース ポテトサラダ →P76 … 30g
- 飾り ブロッコリー（小）… 2房 ゆでる
  ミートボール（市販）… 2個

Ⓓ
- ベース ツナマヨ →P75 … 30g
- 飾り ミニトマト（7mm幅の輪切り）… 2枚
  ブロッコリーの芯の花 →P45 … 2個

Ⓔ
- ベース タマゴフィリング →P75 … 30g
- 飾り ＊ウインナーソーセージ（輪切り）… 3枚
  うずらのゆで卵（スライス）… 3枚

❶
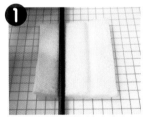
パンは全面にマヨネーズを塗り、3等分する位置に菜箸を押し込み、折りスジをつける。

❷

真ん中にⒶのベース具材をのせる。

❸
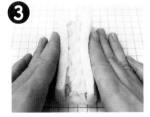
両側の折りスジに沿ってパンを折り曲げる。

❹

真ん中にⒶの飾り具材をのせる。同様にⒷ〜Ⓔも作る。

73

どのSNSでもバズって、具材を押し込むのが定番になったよ！

ボックスサンド

難易度 ★☆☆

下準備

* ウインナーソーセージ：半分に切ってフライパンで炒め、塩、こしょうを適量ふる。
* ハンバーグ：電子レンジで温めてハンバーグソースを全体に塗る。スライスチーズは2cm幅に切り、十字にのせて余分なチーズはカット。

材料（1人分）

〈具材〉

四角いパン…6個

マヨネーズ…適量

A
- ポテトサラダ →P76…30g
- 乾燥パセリ…少々

B
- レタス（3cm四方）…1枚
- *ウインナーソーセージ…1本
- ケチャップ…少々

C
- ミニオムレツ →P69…1個
- ケチャップ…少々

D
- レタス（3cm四方）…1枚
- *ハンバーグ（市販・冷凍）…1個
- スライスチェダーチーズ…½枚
- ハンバーグソース（市販）…適量

E
- ハム…2枚
- スライスチーズ…2枚

F
- レタス（3cm四方）…1枚
- 小えびのフライ →P76…1個
- タルタルソース（市販）…適量

\\ おすすめのパン //

Pasco
ミルクパン
（8個入り）

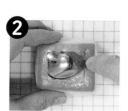

成城石井
小さな四角い
ミルクパン

\\ ロールパン
でもできるよ！ //

❶

パンはふちから7mmほど内側に深さ2cm程度の切り込みを入れる。

❷

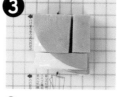

スプーンで中央のパンを押し込み、マヨネーズを塗って弁当箱に詰める。

❸

Eのハムとスライスチーズは交互に重ね、半分に切って上にのせることを繰り返し、パンの内側に入るサイズにする。

❹

それぞれのパンに**A**〜**F**の具材を入れる。

\ "少量ずつ多種類" が豪華見え! /

mana's スタメン サンドイッチ具材

パンに挟む具材はワンパターンになりがち。王道7種をマスターすれば、
組み合わせ次第で飽きのこないサンドイッチになります。2〜3種類を目安に準備してみて。

卵とマヨのベストバランスはコレ
タマゴフィリング

材料(作りやすい分量)

ゆで卵 … 1個
マヨネーズ … 大さじ1
塩 … 少々

❶ ゆで卵はボウルに入れ、フォークやマッシャーを使ってバラバラになるようにつぶす。

❷ マヨネーズと塩を加えてよく混ぜ合わせる。

買いおきできるツナ缶で時短♪
ツナマヨ

材料(作りやすい分量)

ツナ缶 … 小1缶(70g)
マヨネーズ
 … 大さじ1と½
塩、こしょう … 各少々

❶ ツナ缶は缶汁をきってから中身をボウルに入れる。

❷ マヨネーズ、塩、こしょうを加えて混ぜ合わせる。

佃煮のような甘辛味がパンに合う
照り焼き風ツナ

材料(作りやすい分量)

ツナ缶 … 小1缶(70g)
砂糖、しょうゆ、みりん
 … 各小さじ2

❶ ツナ缶は缶汁をきってから中身をボウルに入れる。

❷ 砂糖、しょうゆ、みりんを加えて混ぜ合わせる。

75

チューブ調味料を足して本格的な味に！

キーマカレー

材料（作りやすい分量）

豚ひき肉…100g
玉ねぎ…½個
にんじん…½本
サラダ油…大さじ1

A
┌ しょうがチューブ…3cm
│ にんにくチューブ…2cm
│ カレー粉…大さじ1
│ ケチャップ、ウスターソース…各大さじ1
│ カレールー（市販）
│　…小さい箱⅓箱分（30〜40g程度）
│ 顆粒コンソメスープの素…小さじ1
└ 水…100㎖

❶ 玉ねぎ、にんじんはみじん切りにする。

❷ フライパンにサラダ油をひき、中火で❶を炒める。玉ねぎがしんなりしてきたらひき肉を入れ、色が変わるまで炒める。

❸ Aを加え、水が減ってとろみがつくまで煮詰める。

火を使わずにレンチンで作れて簡単！

ポテトサラダ

材料（作りやすい分量）

じゃがいも
　…2個（200g）
きゅうり…½本
ハム…4枚
マヨネーズ
　…大さじ3
塩、こしょう…各少々

❶ きゅうりはたて半分にしてから薄い半月切りにし、塩小さじ½（分量外）でもむ。10分ほど置いて水けをしぼる。ハムは5mm角に切る。

❷ じゃがいもは皮をむき、ひと口大に切って5分ほど水にさらす。水けをきって耐熱容器に入れ、電子レンジで5分加熱する（竹串を刺してスーッと通ればOK）。

❸ ❷を熱いうちにマッシャーでつぶして冷ます。

❹ ❶、マヨネーズ、塩、こしょうを加えて混ぜ合わせる。

お弁当箱でかわいく見えるサイズ感

小えびのフライ

材料（作りやすい分量）

むきえび…150g
塩、こしょう…各少々
小麦粉…適量
溶き卵…1個分
パン粉…適量
サラダ油…適量

❶ むきえびは洗って水けをふいてから、塩、こしょうをふる。

❷ 小麦粉をまぶして、溶き卵、パン粉の順で衣をつける。

❸ 170℃に熱したサラダ油できつね色になるまで揚げる。

おいしさの秘密はバター多め！

スクランブルエッグ

材料（作りやすい分量）

卵…1個
牛乳…大さじ½
塩…少々
サラダ油…小さじ1
バター…大さじ1

❶ ボウルに卵、牛乳、塩を入れてしっかり混ぜる。

❷ フライパンにサラダ油をひいて中火にかけ、フライパンが温まったらバターを入れる。

❸ バターが溶けたら❶を入れ、菜箸などでかき混ぜながら火を通す。

Part 4

おうちでもかわいい♡
おにぎり&サンドイッチ

ワンハンドごはんの食べやすさを活かした
ホームパーティーにおすすめのアレンジ。
たくさん作って並べるキュートなスタイリングも参考に♪

78

ミニサイズがキュート♡　大バズりした人気メニューだよ！

おにぎりバーガー

難易度 ★★☆

材料（2人分）

ごはん … 560g 塩少々を混ぜる
おにぎり用のり … 16枚
大葉 … 6枚
レタス … 適量

〈具材〉

つくね … 2個
かき揚げ … 4個
えびカツ（市販・冷凍）… 2個

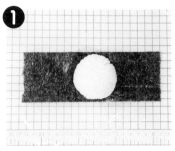

① ラップを敷いてのりを置き、ごはん⅛量を丸く成形してのせる。

② のりの両側をたたんでおにぎりを包む。

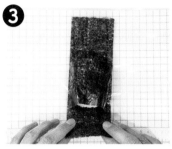

③ ②のごはんが見えている面を上下にして別ののりにのせ、クロスするように包む。同様にあと7個作る。

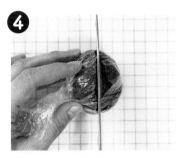

④ ギュッとラップで包み、10分ほど置いてなじませる。包丁を濡らしながら、ラップごと真ん中を切る。

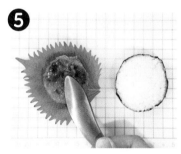

⑤ ラップを外し、片方に大葉・つくねをのせる。

⑥ もう片方をかぶせて爪楊枝で留める。具材を大葉・かき揚げ／レタス・えびカツにかえて合計8個作る。

つくね

材料（2個分）

鶏ひき肉 … 40g
長ねぎ（みじん切り）… 大さじ1
酒 … 小さじ½
塩、こしょう … 各少々
片栗粉 … 小さじ½
サラダ油 … 小さじ1
Ⓐ砂糖、みりん、しょうゆ … 各小さじ½

ひき肉、長ねぎ、酒、塩、こしょう、片栗粉を混ぜ合わせて2等分する。フライパンにサラダ油を中火で熱し、肉だねを両面焼いてⒶを加え煮からめる。

かき揚げ

材料（4個分）

冷凍シーフードミックス（えび、いか）… 80g
玉ねぎ（粗みじん切り）… 大さじ2
小麦粉 … 少々
Ⓐ [天ぷら粉 … 小さじ4
　　水 … 小さじ4
サラダ油 … 適量
Ⓑ [めんつゆ（3倍濃縮）、みりん … 各大さじ1
　　水 … 大さじ1
　　片栗粉 … 小さじ⅔

シーフードミックスは解凍して粗みじん切りにし、玉ねぎと合わせる。小麦粉を全体にまぶし、混ぜ合わせたⒶに入れる。円盤状の4等分にして中温に熱したサラダ油で揚げる。Ⓑは小鍋に入れて弱火で煮立たせ、かき揚げに塗る。

リールで200万回以上再生！ おもてなしにも♪

かんたんのっけ寿司

難易度 ★☆☆

下準備
＊刺身：1切れを2〜3等分に切る。

材料（2人分）

酢めし … 400g
　（ごはんに市販のすし酢など
　を混ぜたもの）
焼きのり（全形）… 2枚

〈具材〉
＊刺身盛り合わせ
　… 2〜3人前1パック
ミニゆかり大根 →P45 … 2個
冷凍枝豆 … 8粒 薄皮を取る
きゅうり（輪切り）… 8枚
わさび … 少々

＊刺身は、まぐろ・ぶり・サーモン各2切れ、寿司用のえび2尾、イクラ10gを使用。市販の刺身セットなどお好みの海鮮でOK。

❶

のりは短辺の上部5cmほどを切り落とし、大きいほうのみ使用する。

❷
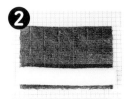
ラップを敷いてのりを置く。のりの横幅と同じ長さの円柱状に成形した半量の酢めしを、のりの手前側に置く。

❸
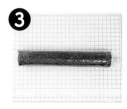
奥に向かってのりを巻き、ラップに包んで10分ほど置いてなじませる。

❹
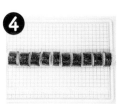
包丁を濡らしながら、ラップごと10等分に切る。同じものをもう1つ作る。

❺

ラップを外して皿に並べる。

❻

それぞれえび・ミニゆかり大根／まぐろ・わさび／サーモン・枝豆／きゅうり・イクラ／ぶり・わさびをのせる。

海鮮くるくるのり巻き

難易度 ★☆☆

材料(2人分)

酢めし … 400g
　(ごはんに市販のすし酢など
　を混ぜたもの)
おにぎり用のり … 8枚
刺身パックまたは手巻き寿司用
　刺身セット … 1パック
ゆかり大根 →P45 … 2個
ミニゆかり大根 →P45 … 4個
冷凍枝豆 … 2粒 薄皮を取る
イクラ … 小さじ2
大葉 … 4枚

❶

右ののりの上部1cm程
度に酢めしを少量のせ、
左ののりの下部を重ね
合わせてくっつける。

❷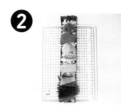

のりの上部を3cmほど
空けて酢めし¼量を広
げ、手前に大葉を置き
刺身をのせる。

❸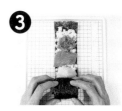

手前から奥に向かって
のりを巻き上げる。

❹

ラップに包み10分ほ
ど置いてなじませる。
包丁を濡らしながらラ
ップごと半分に切る。

❺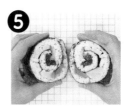

ラップを外して皿に盛る。
お好みでゆかり大根、
枝豆、イクラを飾る。
同様にあと3個作る。

81

とろ～りグラタンがクセになるおいしさだよ♪

ミニボックスグラタン

難易度 ★★☆

下準備

* **Ⓐ**：シーフードミックスは解凍後、電子レンジで30秒加熱して水けをふき、塩、こしょうをふる。
* **Ⓑ**：フライパンにバターを中火で熱し、ほうれん草、ベーコン、コーンを加えて炒め、塩、こしょうをふる。

材料（2人分）

食パン（4枚切り）…2枚

〈具材〉

玉ねぎ…⅛個 薄切りにする

コーン（缶詰）…15g

バター…大さじ½

小麦粉…大さじ½

牛乳…100㎖

コンソメ顆粒…小さじ½

塩、こしょう…各少々

* **Ⓐ** シーフードミックス…30g

* **Ⓑ**
  - ほうれん草…2枚
    長さ5cmに切る
  - ベーコンスライス…½枚
    2cm幅に切る
  - コーン（缶詰）…小さじ½
  - バター…小さじ½

* **Ⓒ**
  - キーマカレー →P76…小さじ2
  - うずらのゆで卵（スライス）…2枚

* **Ⓓ**
  - ピザ用チーズ…適量
  - 乾燥パセリ…少々

❶

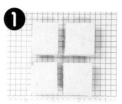

食パンは耳を切り落として4等分にする。もう1枚も同様に切る。

❷

パンのふちから1cmほど内側に約2cmの深さで四角く切り込みを入れ、真ん中をスプーンで押し込む。

❸

フライパンにバターを中火で熱して玉ねぎを炒め、コーン、小麦粉も加えて粉っぽさがなくなるまで炒める。

❹

弱火にして牛乳を3～4回に分けて加え、都度よく混ぜる。沸いたらコンソメ顆粒を加え、塩、こしょうで味を調える。

❺

すべてのパンに❹を入れ、上にシーフードミックス／ほうれん草炒め／キーマカレー／チーズを各2個ずつのせる。

❻

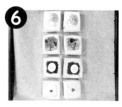

オーブントースターで5分ほど焼き、Ⓒはうずらの卵、Ⓓはパセリを飾る。

ごはんはこんがりするまで焼きつけると、タレを塗っても形が崩れないよ！

ミニごはんピザ

難易度 ★★★

材料（2人分）

ごはん … 240g 塩少々を混ぜる
ケチャップライス →P25 … 240g
ピザ用ソース … 適量
ピザ用チーズ … 60g
マヨネーズ … 適量
Ⓐ しょうゆ、みりん … 各大さじ2
サラダ油 … 大さじ1
乾燥パセリ … 少々
小ねぎ（小口切り）… 適量
刻みのり … 適量

Ⓑ ┌ シーフードミックス … 50g
　 └ 解凍し水けをきる

　 ┌ ウインナーソーセージ … 1本
　 │ 7mmの輪切りにする
Ⓒ │ ミニトマト … 1個
　 │ 4枚の輪切りにする
　 └ ピーマン（輪切り）… 4枚

Ⓓ ┌ 焼き鳥（市販）… 1本
　 └ 串からはずす

Ⓔ 照り焼き風ツナ →P75 … 40g

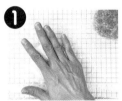

❶ ごはん、ケチャップライスはそれぞれ¼量ずつ丸め、ラップをかぶせて手で押しつぶし、円盤状にする。

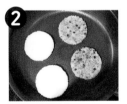

❷ フライパンを中火で熱し、サラダ油の半量をひいて❶を焼く。しっかり焼き色がついたらひっくり返して裏面も焼く。

❸ 2枚にⒶ、2枚にピザ用ソースを各半量ずつ塗る。フライパンの端でシーフードミックスとウインナーを炒める。

❹ Ⓐを塗ったうちの1枚にマヨネーズをぬり、3枚にチーズを⅛量ずつのせる。

❺ マヨネーズを塗ったごはんにⒺの半量とチーズ⅛量、残りの3枚にⒷ、Ⓒ、Ⓓを半量ずつのせる。

❻ ふたをしてチーズが溶けるまで焼き、Ⓑにパセリ、Ⓓに小ねぎ、Ⓔに刻みのりをのせる。同様にあと4個作る。

ハートピザトースト

難易度 ★★☆

下準備

＊シーフードミックス：解凍後、電子レンジで1分ほど加熱し、水けをふいて塩、こしょうを適量ふる。

＊**D**：コーンはマヨネーズと混ぜ合わせる。

材料（2人分）

8枚切り食パン … 4枚
ピザ用ソース … 適量
マヨネーズ … 適量
刻みのり … 適量
乾燥パセリ … 適量

A
┌ ウインナーソーセージ … 1本
│　 7mm幅の輪切りにする
│ ミニトマト … 1個
│　 4枚の輪切りにする
│ ピーマン（輪切り）… 4枚
└ ピザ用チーズ … 適量

B
┌ 照り焼き風ツナ→P75 … 40g
└ ピザ用チーズ … 適量

C
┌ ＊シーフードミックス … 50g
│　 解凍し水けをきる
└ ピザ用チーズ … 適量

＊**D**
┌ コーン（缶詰）… 30g
│ マヨネーズ … 小さじ2
└ ピザ用チーズ … 適量

①

食パンは対角線で半分に切る。

②

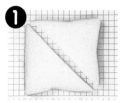

食パンの両角を折り曲げて真ん中に寄せ、横から爪楊枝を刺してハート形に固定する。

③

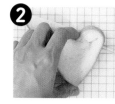

ハート形にしたパン4個にピザ用ソース、残りのパン4個にマヨネーズを塗る。

④

ピザ用ソースを塗ったパンには**A**／**C**の具材、マヨネーズを塗ったパンには**B**／**D**の具材を各2個ずつのせる。

⑤

トースターでほんのり焼き色がつくまで5分ほど焼く。**C**にはパセリ、**B**には刻みのりをのせる。

Point

②で折り曲げた耳が切れてしまう場合、パンの乾燥が原因なので、少量の水を耳に塗ってから折り曲げる。

難易度 ★★☆

くるくるキャンディー風 焼きおにぎり

下準備

＊焼きのり：横幅を卵焼き器に合わせ、たての長さは卵焼き器より3cm短く切る。

材料（2人分）

＊焼きのり…2枚
ごま油…小さじ1
サラダ油（あれば米油）
　…小さじ1
Ⓐ［ごはん…200g
　しょうゆ、みりん…各小さじ1
Ⓑ［ごはん…200g
　大葉…3枚 千切りにする
　塩…少々

使用グッズ

100円ショップ
で買えるよ！

竹フォーク
（長さ9cm）

❶

ボウルにⒶを入れて混ぜ、別のボウルにⒷを入れて混ぜる。

❷

卵焼き器にごま油をひいてⒶを敷き詰め、弱めの中火で片面だけ焼き色がつくまで焼く。Ⓑはサラダ油で焼く。

❸

少し冷ましてから❷をラップの上に移し、ごはんの上部2cm、下部1cmを空けてのりを置く。

❹

ラップごと下側から巻く。ラップに包んで10分ほどおいてなじませる。

❺

包丁を濡らしながらラップごと4等分に切る。同様にもう1個作る。

❻

1切れずつ竹フォークを刺す。

85

アイスバー風のルックスがとにかくかわいいって大人気だよ！

ミニお好み焼きバー

難易度 ★☆☆

材料（2人分）

豚バラスライス肉 … 40g 長さ5cmに切る
卵 … 2個
キャベツ … 80g 千切りにする
山いも（または長いも）… 60g すりおろす
紅しょうが … 10g みじん切りにする
天かす … 大さじ2
薄力粉 … 60g
顆粒だしの素 … 小さじ1
サラダ油 … 小さじ1
お好み焼きソース … 適量
マヨネーズ … 適量
目玉焼き … 2枚 セルクル型で抜く
小ねぎ（小口切り）… 大さじ2
青のり … 適量

使用グッズ

100円ショップで買えるよ！

セルクル型
（直径6cm）

木製スティック
（長さ11cm）

❶
ボウルにキャベツ、山いも、卵、薄力粉、紅しょうが、天かす、顆粒だしの素を入れて混ぜ合わせる。

❷
卵焼き器にサラダ油をひいて中火で熱し、❶を流し入れて広げる。豚肉をのせて両面焼く。

❸
焼けたらまな板の上に取り出し、6等分に切る。

❹

それぞれにスティックを刺し、表面にソースを塗る。1本だけ上からマヨネーズで横線を引く。

❺

たてに線を引くように、爪楊枝を上下に交互に動かして模様にする。1本線を引くごとに爪楊枝についたマヨネーズをふきとる。

❻

1本に目玉焼きと青のり、1本に小ねぎの半量をのせる。同様にあと3本作る。

エッグドロップ風サンド

難易度 ★★☆

下準備

*スライスベーコン：半分に切ってフライパンで炒め、塩、こしょうを適量ふる。

*ウインナーソーセージ：フライパンで炒めて、塩、こしょうを適量ふる。

材料（2人分）

ミニ食パン（たて7.5cm×横8cm、
　厚さ3cm）…6枚
マヨネーズ…適量
リーフレタス…2枚
　ひと口大にちぎる

〈具材〉
スクランブルエッグ →P76
　…卵3個分

A
　[*スライスベーコン…2枚
　スライスチーズ…2枚
　ケチャップ、マヨネーズ
　…各大さじ1混ぜる]

B
　[*ウインナーソーセージ…2本
　ケチャップ（ウインナー用）
　…適量]

C
　[小えびのフライ →P76…4尾
　タルタルソース（市販）…適量]

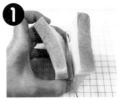

❶ 食パンは底を2cmほど残して厚さを半分にし、切り込みの内側にマヨネーズを塗る。

❷ クッキングシートを約25cm×18cmに切って上下を約2cm折る。上部の真ん中に食パンを置く。

❸ シート下部を上に折り、両サイドのシートをねじる。

❹ アルミホイルを丸めてパンの切り込みに挟み、オーブントースターで約5分軽く焼く。

❺ アルミホイルを取り除く。

❻ 6個すべてにスクランブルエッグを⅙量ずつ入れ、2個はⒶを半量ずつ、ⒷとⒸの各2個はリーフレタスを入れてから具材を半量ずつ挟む。

mana（マナ）

料理インスタグラマー。少食な息子の中学入学を機にお弁当作りを始め、これまでに考案したレシピは200以上。インスタグラムのリールでは人気メニューの再生回数1000万回以上！ YouTubeやTikTokでも人気が急上昇中。〝明日マネできるアイデア料理〟をモットーにSNSでレシピを発信し、SNS総フォロワー数50万人以上から支持を集める。「息子のために始めたお弁当作りが自分の楽しみに変わって、今や人生そのものになりました」

Instagram：mana＊お弁当リール＊おうちごはん（@ayaaya.mana）
YouTube：manaのアイデア料理（@mana5739）
TikTok：アイデア料理とお弁当（@ayaaya.mana）
LINE VOOM：manaのお弁当とおうちごはん

STAFF
撮影・スタイリング／mana
デザイン／小林沙織
取材・文／廣瀬亮子
校閲／滄流社
編集／芹口由佳

「かわいい♡」が止まらない
おにぎり&サンドイッチ弁当

著　者　mana
編集人　足立昭子
発行人　倉次辰男
発行所　株式会社主婦と生活社
　　　　〒104-8357　東京都中央区京橋3-5-7
　　　　tel.03-3563-5321（編集部）
　　　　tel.03-3563-5121（販売部）
　　　　tel.03-3563-5125（生産部）
　　　　https://www.shufu.co.jp
　　　　ryourinohon@mb.shufu.co.jp
製版所　東京カラーフォト・プロセス株式会社
印刷所　TOPPAN株式会社
製本所　共同製本株式会社
ISBN978-4-391-16065-9